時間外労働規制に完全対応

医師の働き方改革

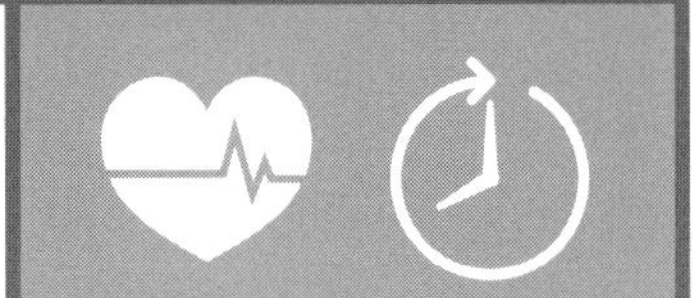

実践ハンドブック

認定医業経営コンサルタント・
特定社会保険労務士・
元厚生労働省老健局総務課長　大澤 範恭［著］

日本法令®

はじめに

医師の時間外労働規制については、一般企業の労働者に対して時間外労働規制が始まった令和元年４月から５年間、適用が猶予され、これまでの関係者間における議論を経て、令和４年１月19日、関係法令が正式に公布されるに至りました。いよいよ医師の時間外労働規制が始まる令和６年４月まで、残すところ２年となりました。

医師の時間外労働規制は、何よりも医師の健康確保と医療の安全性を守るために必要ですが、それぞれの医療機関が若い医師の獲得競争に勝ち抜き、経営を持続可能なものとし、売上げを伸ばすことによって、安心・安全な医療を地域に提供し続けるためには、避けて通れない課題です。

２年後には、すべての医療機関の医師は、原則として１年に960時間（１か月に80時間）を超えて時間外・休日労働ができなくなり、それに違反すれば法人に罰則が適用されます。例外的に１年に1,860時間（１か月に155時間）まで時間外・休日労働を行えるようにするためには、医療機関勤務環境評価センターによる評価を受けて、都道府県から特例水準の指定を受けなければなりませんが、多くの医療機関が指定申請を行うことが予想されますので、令和６年４月までに指定を受けるためには、令和４年度中に予定されている医療機関勤務環境評価センターの発足に合わせて、医師労働時間短縮計画案の評価申請ができるように、準備を急ぐ必要があります。

本書では、医師の働き方改革に関連するすべての方々のために、最新の法令や令和４年度診療報酬改定などの内容を盛り込み、医師の時間外労働規制に備えるためのノウハウを体系的かつ網羅的にご紹介しました。

各医療機関の皆様は、ぜひ本書を活用して、２年後の医師の時間外労働規制に適切に対応するための準備を進めていただくことを切に希望してやみません。

令和４年６月

大澤範恭

もくじ

第1章　なぜ医師の働き方改革を進めなければならないのか

第2章　医師の時間外労働規制の内容

第3章　医師の労働時間の把握

第4章　宿日直の取扱い

第5章　医師の研鑽

第６章　副業・兼業の労働時間管理方法

第７章　医師の労働時間短縮計画の作成のしかた

第8章　追加的健康確保措置（面接指導と就業上の措置）

第９章　令和４年度診療報酬改定等による支援の概要

巻末資料

第1章

なぜ医師の働き方改革を進めなければならないのか

1　医療の安全性を守る

医師の働き方改革を進めなければならない最大の理由は、医療の安全性を確保するためであると考えます。

「令和元年　医師の勤務実態調査」(**図 1**) によると、病院常勤勤務医の４割が、いわゆる過労死ラインと言われている年間960時間を超える時間外・休日労働をしています。後述しますが、令和６年度（2024年度）から診療に従事する医師に特例的に認められる時間外労働の上限である年間1,860時間を超える病院常勤勤務医は、平成28年調査によれば、全体の約１割を占めています。

過労死ラインとは、「病気や死亡、自殺に至るリスクが長時間労働に起因するものだと認定する基準のことをいい、『発症前１ヵ月間におおむね100時間』あるいは『発症前２～６ヵ月間にわたっておおむね80時間』を超える時間外労働がある場合は、業務と発症との関係性が強いとされています」(「日本の人事部」ホームページより)。病院常勤勤務医の長時間労働の実態は、いつ労災事故が発生してもおかしくない状況にあります。

過労死等防止調査研究センター※1は、過労死等事案の調査復命書（分析対象は平成22年１月から平成27年３月までの５年間の脳・心臓疾患1,564件、自殺を含む精神障害事案2,000件。公務災害事案は含まず）を対象に、研究班において医療・福祉における労災認定事案の特徴および典型例を抽出し、実態と背景要因を検討しています。

※１：過労死等防止調査研究センターは、平成26年６月に成立した「過労死等防止対策推進法」を受けて、平成26年11月に（独）労働者健康安全機構労働安全衛生総合研究所に設置されたセンターで、過労死等の過重な業務負担による健康障害の防止対策に貢献できるよう、医学的見地から調査研究を行うもの。

■図１　病院常勤勤務医の週労働時間の区分別割合（令和元年 医師の勤務実態調査）

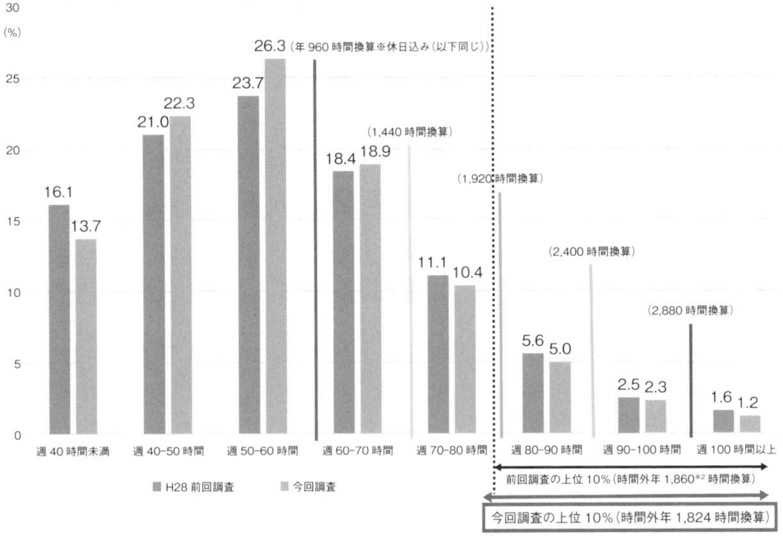

※１　H28 前回調査、今回調査ともに、兼業先の労働時間を含み、指示無し時間を除外している
※２　前回調査ではグラフにおける分布の上位 10% は年 1,904 時間であったが、雇用管理の便宜上、12 月で割り切れるきりのよい近似値として 1,860 時間としている
※３　今回調査では宿日直許可を取得していることがわかっている医療機関に勤務する医師の宿日直中の待機時間を労働時間から除外した上で、診療科別の性、年齢調整、診療科ごとの勤務医療機関調整を行っていることに留意が必要
※４　週労働時間の区分別割合は、小数点第２位で四捨五入している

出典：令和３年度 都道府県医療勤務環境改善担当課長会議・厚生労働省説明資料、令和３年６月９日。

この報告書によれば、医師の脳・心臓疾患は17件で、過重労働の背景には、継続的な診療、オンコール・休日診療、慢性的な人員不足による業務負荷増加、教育・指導、管理的業務、学会・論文作成等があったということです。

このような過重労働に対処するためには、連続勤務の間での効果的な休息確保、勤務間インターバルの導入など強制的な時間規制なども検討されてよいとされています。また、医師の人員が足りないために、連日勤務・オンコールなどの業務が増加していた事例もあり、業務移管や診療支援などの業務効率化の取組を多層的に検討すべきと推測されています。

さらに、医師の精神障害事案は８件で、長時間労働に加え若年医師、患者暴力、仕事の変化、医師間の人間関係のトラブル等が目立ったとされています。

職場環境改善対策の検討に当たっては診療科や職位・キャリアステージを考慮した包括的な過重労働対策が重要であることが示唆されています。

このような過重労働をしている日本の医師の「3.6％が自殺や死を毎週または毎日考え」[※2]、「6.5％が抑うつ中等度以上」であり、「半数近くが睡眠時間が足りていない」と言われています（「日本医師会 勤務医の健康支援に関する検討委員会答申（平成28年３月）」）。

※２：米国の研究では、男性医師の自殺率は一般男性の1.4倍、女性医師では一般女性の2.7倍であることが示されています（Schernhammer ES, Colditz GA. Am J Psychiatry 2004;161: 2295-2302）。

医師の長時間労働は、すべての業種の中で最も深刻な状況ですが、このことは、医師自身の健康を害するばかりではなく、医療の安全性をも脅かしています。（第11回医師の働き方改革に関する検討会（平成30年11月９日）資料３より）

医師が、医療事故やヒヤリ・ハット（危ないことが起こったが、幸い医療事故には至らなかった事象のこと）を経験した割合は、勤務時間が長いほど上昇しています。平成29年度厚生労働省・文部科学省委託「過労死等に関する実態把握のための労働・社会面の調査研究事業報告書（医療に関する調査）」によれば、医療事故やヒヤリ・ハットを経験した医師の割合は、全体として53.0％であるのに対し、平均的な１か月の実勤務時間が250時間以上の医師では、約60％にものぼります。

また、一般に、睡眠不足は、作業能力を低下させます。**図２**の真ん中のグラフは、被験者を30時間くらいずっと起こしておき、１～

■図２　働き方と医療安全との関係

□　医療事故やヒヤリ・ハットを経験した割合は、勤務時間が長くなるほど上昇する。
□　睡眠不足は、作業能力を低下させたり、反応の誤りを増加させたりすることがわかっている。

１．医療事故やヒヤリ・ハットの経験（勤務時間区分ごと）

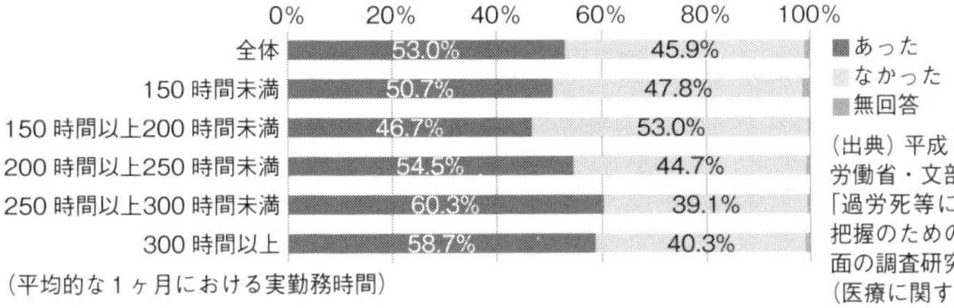

（出典）平成 29 年度厚生労働省・文部科学省委託「過労死等に関する実態把握のための労働・社会面の調査研究事業報告書（医療に関する調査）」

２．睡眠と作業能力の関係（第５回検討会　高橋正也参考人報告資料より抜粋）

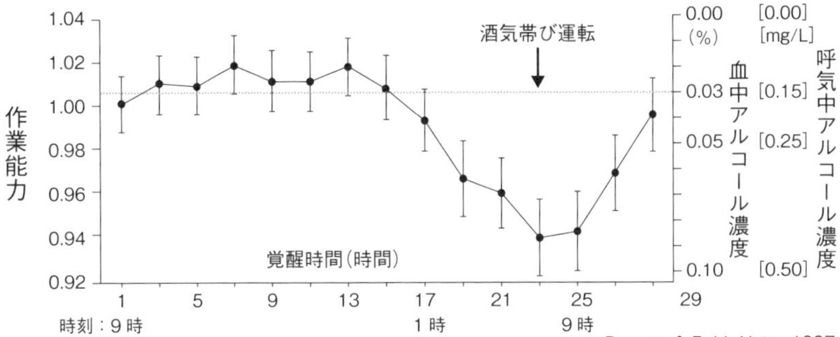

Dawson & Reid, *Nature*1997

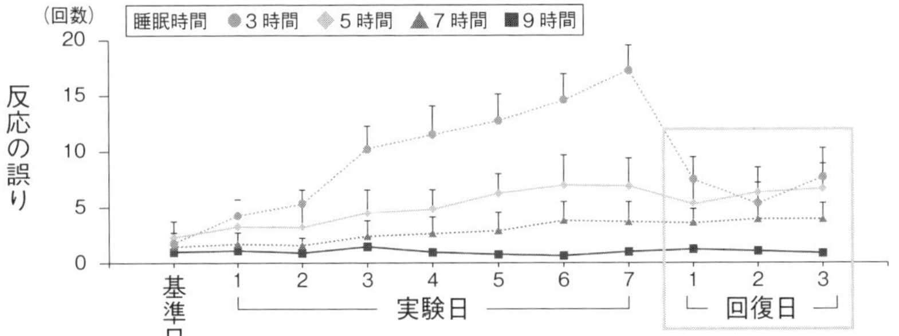

Belenky et al, *J Sleep Res*2003

出典：令和３年度 都道府県医療勤務環境改善担当課長会議・厚生労働省説明資料、
令和３年６月９日。

２時間おきに検査をして、その作業能力の変化を見たものです。得点が高いと成績がよいわけですが、ある時点からぐっと成績が悪くなって、また少し回復するという結果となっています。

その作業能力の変化についてアルコールを飲んだときと比較していますが、血中アルコール濃度が0.03%または呼気で0.15mg/Lの線は、道路交通法で規定される酒気帯び運転となるアルコールのレベルです。これと比べてみると、しばらくはこのレベルよりも上ですが、ある時点からこの酒気帯び運転のレベルよりも下がってくる時間帯があります。このように大体16時間ずっと起きっ放しでいると、お酒を飲んでいないのに飲んだのと同じくらいに頭の機能が下がってきてしまう、さらに徹夜などをすると、酒気帯び運転どころか酒酔いレベルまでどんどん悪くなってしまう、ということです。

さらに、睡眠不足は、反応の誤りを増加させます。図２の下のグラフは、被験者に、睡眠の時間が１日当たり９時間、７時間、５時間、３時間しか眠れない条件を設けて、１週間を過ごさせたものです。この縦軸は「反応の誤り」ということで、ランプが見えたらボタンを押すという誰でもできるような非常に簡単な課題に対する誤りの数です。

９時間眠るとほとんど誤りはありませんが、３時間睡眠になると、２日目、３日目で誤りが10回程度になっています。５時間睡眠、７時間睡眠であっても、少しずつ時がたつにつれて誤りが増えています。もし７時間睡眠で足りているのであれば、前日より誤りの数は増えるはずはないにもかかわらず、わずかながら増えているということは、私たちの心身の回復がこの睡眠時間では足りていないことが考えられます。小さな睡眠不足が慢性的に貯まることによって、私たちの頭の働きが悪くなってくる。あたかも睡眠をきちんととらないことに伴う借金が体の中にたまっていって最終的には首が回らなくなる「睡眠負債」という現象が起きていると考えられます。

この実験では、１週間が終わった後、３日間、どの条件も８時間寝かせたにもかかわらず、１週間くらい短い睡眠でいた群は相変わらず５回くらいミスをし続けるという結果になっており、十分な回復が行われていません。結局、私たちは毎日毎日一定量の睡眠をとっていかないと大変な事態になることが、この実験で示されています（第５回医師の働き方改革に関する検討会（平成29年12月22日）における高橋正也参考人の説明より）。

このように、睡眠不足は、作業能力を低下させ、反応の誤りを増加させますので、医師の長時間労働により、医療の安全性は危うい状況となっています。

安心して安全な医療を提供するためには、何より医師の長時間労働を是正して、健康を確保することが重要なのです。

2　若い医師の獲得競争に勝ち抜く

15歳から64歳までの若い働き手である生産年齢人口が、人口の高齢化に伴い減少しています。

図3は、2040年までの人口構造の変化を表したグラフです。

■図3　2040年までの人口構造の変化

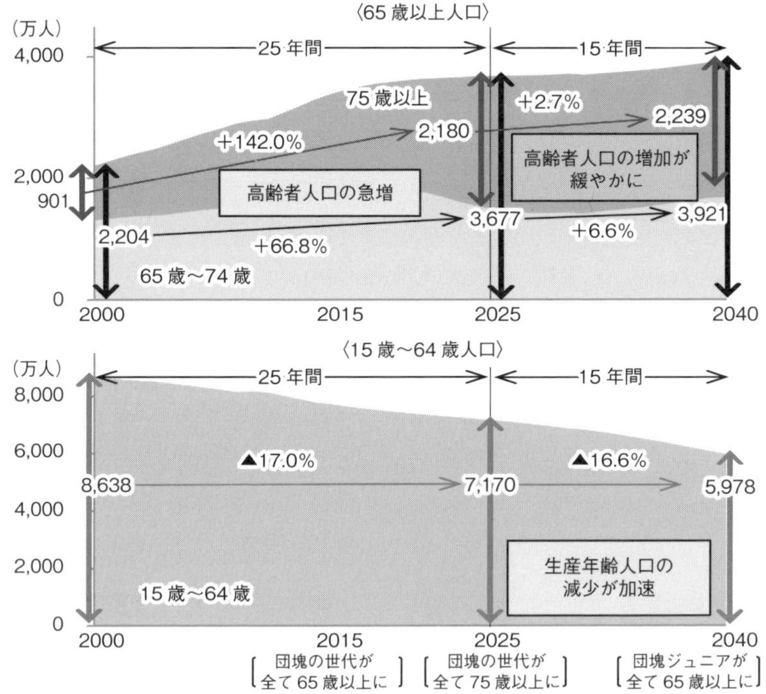

（資料）総務省「国勢調査」「人口推計」（2015年まで）、国立社会保障・人口問題研究所「日本の将来推計人口平成29年推計」（出生中位・死亡中位推計）（2016年以降）

出典：第118回社会保障審議会医療保険部会資料、令和元年6月12日より加工。

2000年から2025年までの25年間に、65歳以上の高齢者の人口は、2,204万人から3,677万人へ66.8％増加し、なかでも75歳以上の人口は、すべての団塊の世代が75歳以上となる2025年までに、901万人から2,180万人へと142.0％も急増します。しかし、2025年以降は、高齢者人口の伸びが緩やかになり、2040年までの15年間に、65歳以上の人口は3,677万人から3,921万人となり、その伸びは6.6％にとどまります。

一方、15歳から64歳までの生産年齢人口は、2000年から2025年までの25年間に、8,638万人から7,170万人へ17.0％減少しますが、2025年以降、その減少は加速し、2040年までのわずか15年間で、5,978万人と16.6％も減少します。

これがいわゆる2040年問題ですが、医療分野においても、女性や高齢者など総就業者数のパイを拡大していく必要があるとともに、それぞれの医療機関において、長時間労働の是正、多様な勤務形態の整備などにより、今働いている医療従事者の離職を防ぎ、他の医療機関のみならず、他の業種との間においても、若い働き手の獲得競争に勝ち抜いていかなければ、経営の継続は困難となります。

また、少ない職員であっても、ITの活用などにより業務の合理化・効率化を進め、生産性を向上させることが不可欠です。

図４は、少し古いデータですが、医師の年齢別の勤務環境改善に関する認識を調査したものです。20歳代から30歳代までの若い世代は、右側の枠で囲った部分の「医師不足という現状においても、勤務環境は工夫次第で改善しうるし、改善すべき」という意見の割合が多く、60歳代以上の世代は、左側の枠で囲った部分の「医師には、特別の使命があるのだから厳しい勤務環境にあるのはやむを得ない」という意見が多くなっています。医療機関の経営層の方々は、このような若い世代の医師の意向を踏まえて、勤務環境改善に取り組む必要があります。

■図４　勤務環境改善に関する認識（医師・年齢別）

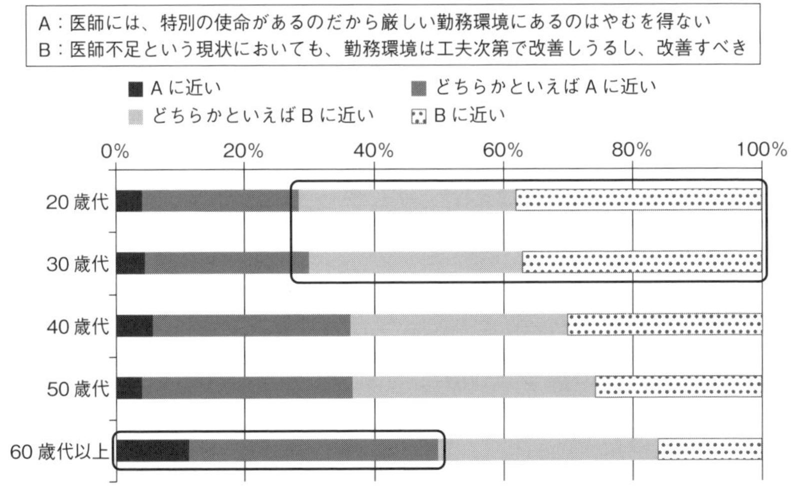

・平成23年12月に全国の20床以上の病院に勤めている24歳以上の医師を対象（医院・クリニックの院長は除外）にインターネットを用いてアンケート調査を実施した。有効回収数3,467。

出典：「勤務医の就労実態と意識に関する調査」（独立行政法人　労働政策研究・研修機構）平成24年９月。

また、**図５**の左のグラフにあるとおり、全医師数に占める女性医師の割合は増加傾向にあり、平成28年時点で21.1％を占めています。さらに、近年、特に若年層における女性医師は増加しており、図５の右のグラフにあるとおり、医学部入学者に占める女性の割合は約３分の１となっています。

図６は、医籍登録後の年数別の就業率を見たもので、若い世代の下の折れ線グラフが女性医師を示していますが、登録後12年、38歳当たりの就業率が最低値となっており、いわゆるＭ字カーブの曲線となっています。女性医師の休職・離職の理由として、出産・子育ての割合が近年増加しており（**図７**）、やはり女性医師の結婚、出産、育児期の長時間労働の是正、多様な勤務形態の整備等の対応が課題となっています。

■図5　女性医師の年次推移

○全医師数に占める女性医師の割合は増加傾向にあり、平成 28 年時点で 21.1%を占める。
○近年、若年層における女性医師は増加しており、医学部入学者に占める女性の割合は約 3 分の 1 となっている。

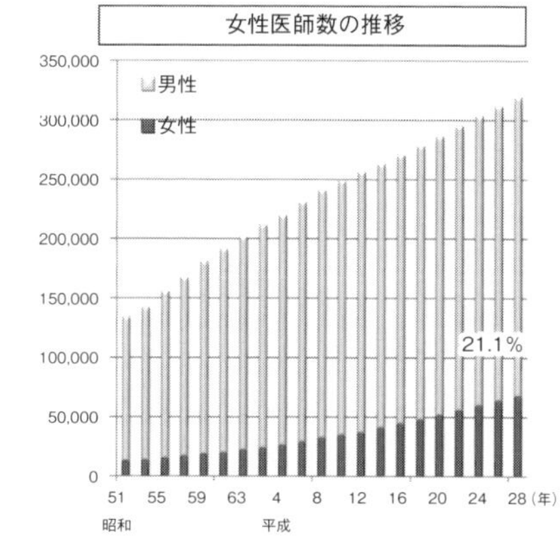

※医師数全体に占める割合
(出典)医師・歯科医師・薬剤師調査(厚生労働省)

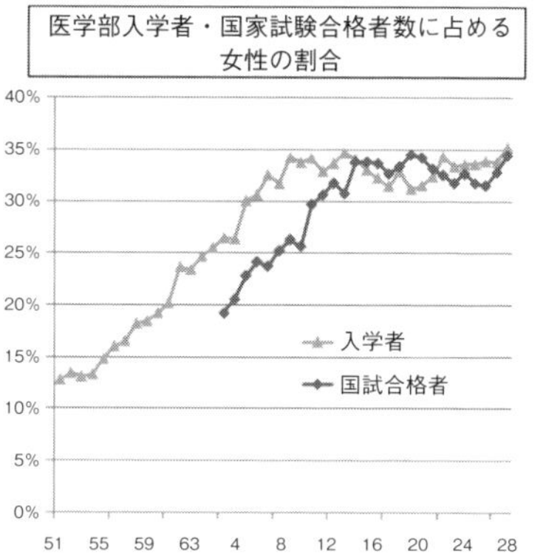

(出典)学校基本調査(文部科学省)
厚生労働省医政局医事課試験免許室調べ

出典：第11回医師の働き方改革に関する検討会資料、平成30年11月９日。

■図6　医籍登録後年数別の就業率

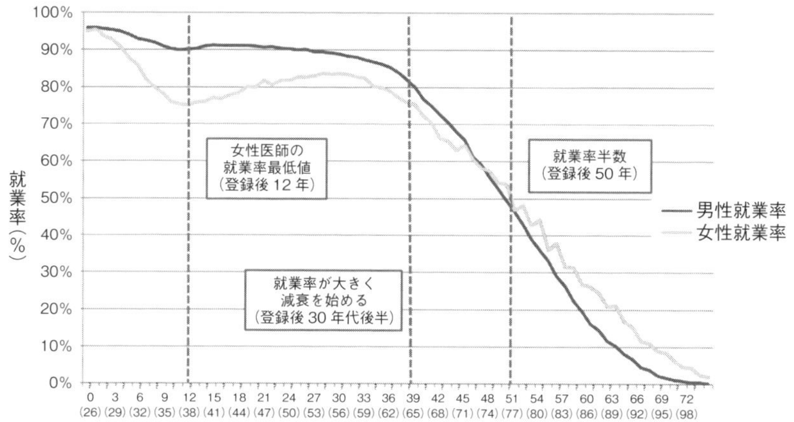

※2006 年～ 2016 年の医師・歯科医師・薬剤師調査（医師届出票）および厚生労働省から提供された医籍登録データを利用して作成
※推定年齢は医籍登録後年数が ０ 年の届出票の満年齢 (12 月末時点) の平均値が 26.8 歳であることを考慮し設定

出典：第11回医師の働き方改革に関する検討会資料、平成30年11月９日。

■図７　女性医師の休職・離職の理由（前回比較）

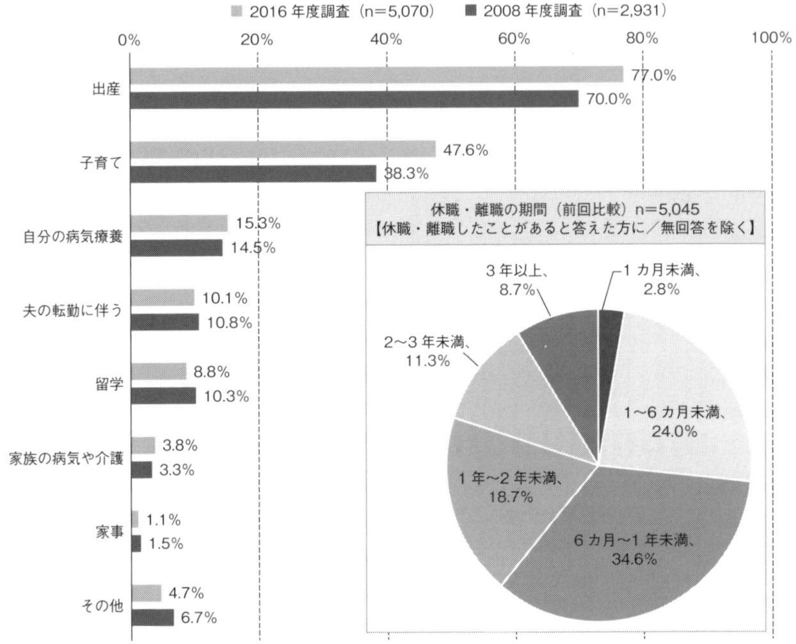

(出典)平成 29 年 8 月　女性医師の勤務環境の現状に関する調査報告書（日本医師会男女共同参画委員会・日本医師会女性医師支援センター）

※同調査は病院に勤務する女性医師を対象に実施、回収率は 35.0%

出典：第11回医師の働き方改革に関する検討会資料、平成30年11月９日。

このように、今後ますます生産年齢人口の減少が見込まれる中、他の医療機関ばかりではなく、他業種を含め、若い医師の獲得競争に勝ち抜くためには、それぞれの医療機関が、医師の長時間労働の是正をはじめとする働き方改革に積極的に取り組むことが必要です。

3　健康経営とSDGs（持続可能な開発目標）

医師の働き方改革を進めるためには、様々なコストがかかりますが、健康経営という視点でとらえる必要があります。

健康経営とは、従業員の健康管理を経営的な視点で考え、戦略的に実践することであり、従業員への健康投資を行うことは、活力向上や生産性向上等の組織の活性化をもたらし、結果的に業績向上につながる取組です。

ここで、従業員の健康が確保されていない場合の弊害・コストについて、確認してみましょう。

医療機関においては、前述したように、医師が医療事故やヒヤリ・ハットを経験した割合は、勤務時間が長くなるほど上昇します。また、睡眠不足は、作業能力を低下させたり、反応の誤りを増加させたりすることがわかっています。医療従事者の健康が確保されていない場合、医療の安全性が低下している可能性があります。

図8は、東京大学の健康経営ユニットが、日本企業における健康関連総コストの構造を分析したものです。

プレゼンティーイズム（presenteeism）とは、従業員が出社していても、何らかの不調のせいで頭や体が思うように働かず、本来発揮されるべきパフォーマンス（職務遂行能力）が低下している状態のことです。日本語では「疾病就業」と訳されます。頭痛や胃腸の不調、軽度のうつ、花粉症のアレルギー症といった、つらくても無理をすれば出社できる程度の疾病が原因で発生するプレゼンティーイズムによって、全米では年間約1,500億ドルの損失が出ているといわれます

これに対し、アブセンティーイズム（absenteeism）とは、病気

や体調不良などにより従業員が会社を欠勤することによる生産性の低下のことで、日本語で「病欠」と訳されます。

図8にあるとおり、実は、健康関連総コストのうち、プレゼンティーイズムの割合が約78%と相対的に最も大きいのです。医療費負担は約16%、アブセンティーイズムはわずか4%にすぎません。不健康であることが、いかに生産性を押し下げているかということです。

そこで、健康経営に取り組むことにより、いくつかの効果が期待できます。

健康経営に取り組む企業では離職率が低くなります(**図9**)。健康経営度調査を分析すると、健康経営度の高い企業の方が離職率は低い傾向にあり、2019年における全国の一般労働者の離職率と比較しても、2分の1を下回る水準となっています。

■図8　日本企業における健康関連総コストの構造

日本・企業における健康関連総コストの構造です。

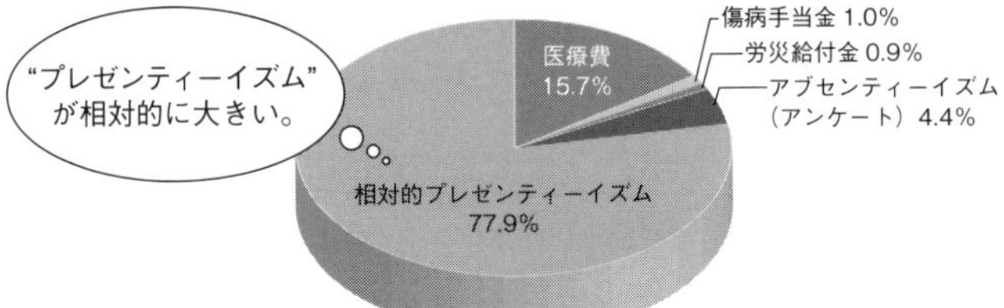

(N=3429)	平均(円)	標準偏差	割合(%)
2014年度医療費	113,928	372,590	15.7%
労災補償費	6,870		0.9%
傷病手当金支給額	7,328	96,481	1.0%
アブセンティーイズム(アンケート)	31,778	140,954	4.4%
相対的プレゼンティーイズム	564,963	1,053,886	77.9%
計	724,868		100%

注)プレゼンティーイズムは、WHO-HPQ による相対的プレゼンティーイズム（同様の仕事をしている人のパフォーマンスに対する過去4週間の自分のパフォーマンスの比)、アブセンティーイズムはアンケート回答による病欠日数を採用。

資料）東京大学政策ビジョン研究センター健康経営研究ユニット

出典：「健康経営®って何？～職場の健康づくりが企業の成長につながる～」(渋谷克彦、順天堂大学 総合診療科 東京大学 政策ビジョン研究センター 健康経営研究ユニット)

■図９　健康経営銘柄、健康経営優良法人における離職率

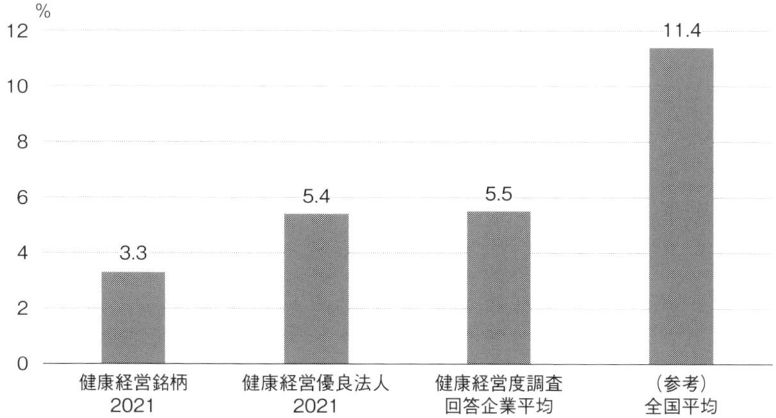

※離職率の全国平均は「厚生労働省 2019 年（令和元年）雇用動向調査」に基づく。（ただし健康経営度調査の回答範囲と異なる可能性がある）
※離職率＝正社員における離職者数／正社員数を各社ごと算出し、それぞれの企業群で平均値を算出
※なお、離職率に関する設問は健康経営度調査の評価には含まれていない。

出典：「健康経営の推進について」（経済産業省ヘルスケア産業課）令和３年10月。

従業員の健康や働き方への配慮は、就活生・親双方にとって魅力的であり、求人をするに当たって、他の企業に対し差別化を図ることができるようになります（**図10**）。就活生および就職を控えた学生を持つ親に対して、健康経営の認知度および就職先に望む勤務条件等についてアンケートを実施した結果、「従業員の健康や働き方への配慮」は就活生・親双方で特に高い回答率となっています。あわせて、就活生が親の意見を参考するか否か調査したところ、７割が考慮すると答え、就職先を検討するうえで親が持つ企業イメージ・情報が重要な要素を占めることがわかりました。

健康経営は、企業業績を向上させる効果を示すデータもあります（**図11**）。健康経営を開始した年を「０」とした際の、５年前から５年後までの売上高営業利益率の業種相対スコア（業種内において健康経営を推進した企業の利益率が相対的に高いか低いかを把握する指数）の平均値を比較したデータがあります。

■図10　健康経営と労働市場との関係性

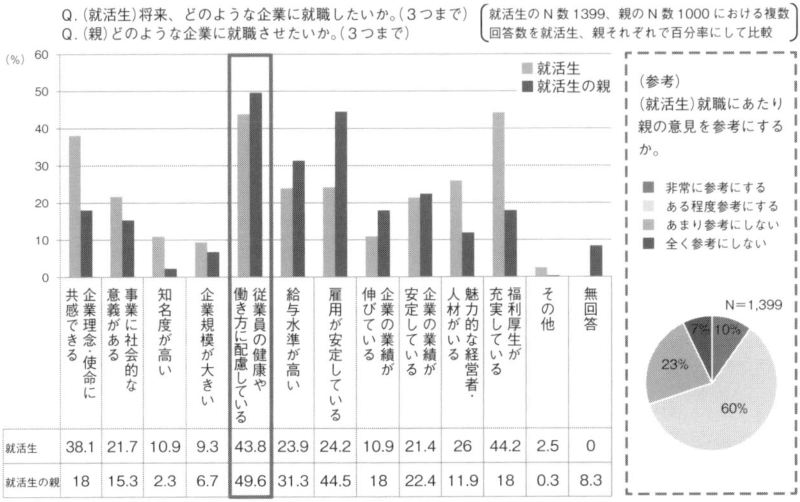

	企業理念・使命に共感できる	事業に社会的な意義がある	知名度が高い	企業規模が大きい	従業員の健康や働き方に配慮している	給与水準が高い	雇用が安定している	企業の業績が伸びている	企業の業績が安定している	魅力的な経営者・人材がいる	福利厚生が充実している	その他	無回答
就活生	38.1	21.7	10.9	9.3	43.8	23.9	24.2	10.9	21.4	26	44.2	2.5	0
就活生の親	18	15.3	2.3	6.7	49.6	31.3	44.5	18	22.4	11.9	18	0.3	8.3

（出所）経済産業省「平成28年度健康寿命延伸産業創出推進事業（健康経営・健康投資普及推進等事業）」

出典：「健康経営の推進について」（経済産業省ヘルスケア産業課）令和３年10月。

■図11　健康経営と企業業績との関係性

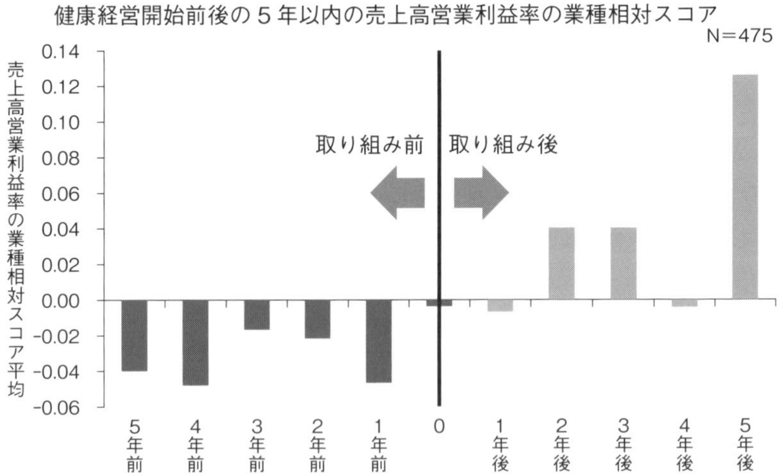

注：健康経営を始めた時点を０とした前後の最長５年以内の売上高営業利益率の業種相対スコアの平均値、５年前より後に健康経営を始めた場合はサンプルは無いとする

出典：「健康経営の推進について」（経済産業省ヘルスケア産業課）令和３年10月。

これによると、健康経営を開始する前の５年以内では、売上高営業利益率の業種相対スコアは負を示し、業種相対で利益率が低い状況であることを反映している一方で、健康経営を開始した後の５年間では、業種相対スコアは正の値を示す傾向にありました。

これらのデータは、医療機関に特化したものではなく、医療機関の健康経営による効果のエビデンスも待たれるところですが、少なくとも一般企業では、健康経営に取り組むことによって、離職率の低下、求人活動の差別化、企業業績の向上といった効果が認められています。このことから、一般企業では、近年、健康経営優良法人の認定数がうなぎのぼりとなっています。

健康経営優良法人認定制度とは、地域の健康課題に即した取組や日本健康会議が進める健康増進の取組をもとに、特に優良な健康経営を実践している大企業や中小企業等の法人を顕彰する制度です。

健康経営に取り組む優良な法人を「見える化」することで、従業員や求職者、関係企業や金融機関などから「従業員の健康管理を経営的な視点で考え、戦略的に取り組んでいる法人」として社会的に評価を受けることができる環境を整備することを目標としています。

本制度では、大規模の企業等を対象とした「大規模法人部門」と、中小規模の企業等を対象とした「中小規模法人部門」の２つの部門により、それぞれ「健康経営優良法人」を認定しています。

令和２年度の健康経営優良法人（中小規模法人部門）認定数は3,121件で、対前年度約1.6倍に増加しています（**図12**）。令和３年３月４日現在、健康経営優良法人に認定された法人は、大規模法人部門で1,795法人、中小規模法人部門で7,934法人、合計9,729法人に上っています。このうち、医療法人はわずか97法人で、一般企業に比べ、若干遅れをとっています。

■図12　健康経営の普及

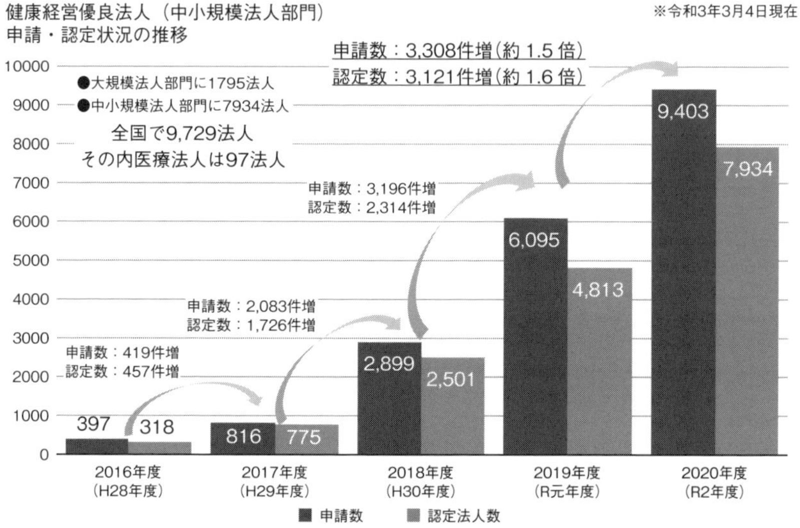

出典：健康・医療新産業協議会 第２回健康投資 WG 資料（経済産業省　商務・サービスグループ ヘルスケア産業課）令和３年３月11日。「職員を笑顔にする健康経営～地域に選ばれる明るい職場作り～」（アクサ生命保険株式会社 健康経営エキスパートアドバイザー　森脇剛）令和３年９月27日。

医療機関が医師の働き方改革を進め、健康経営に取り組むことは、現在、全世界で取り組まれている持続可能な開発目標（SDGs：Sustainable Development Goals）の達成に貢献することにもなります（**図13**）。持続可能な開発目標（SDGs）とは、2015年９月の国連サミットで加盟国の全会一致で採択された「持続可能な開発のための2030アジェンダ」に記載された、2030年までに持続可能でよりよい世界を目指す国際目標です。17のゴール・169のターゲットから構成されますが、特に、医師の働き方改革により医療機関が健全に経営されることは、目標３［保健］（あらゆる年齢のすべての人々の健康的な生活を確保し、福祉を促進する）、目標８［経済成長と雇用］（包摂的かつ持続可能な経済成長及びすべての人々の完全かつ生産的な雇用と働きがいのある人間らしい雇用（ディーセント・

ワーク）を促進する）、目標11［持続可能な都市］（包摂的で安全かつ強靱（レジリエント）で持続可能な都市及び人間居住を実現する）の達成に大きく貢献するものと考えられます。

　このように、医療機関が医師の働き方改革により健康経営に取り組むことは、離職率の低下、求人活動の差別化、生産性の向上が期待でき、持続的な経営を実現することにより、それぞれの地域におけるSDGs（持続可能な開発目標）にも貢献できるのです。

■図13　持続可能な開発目標（SDGs）の詳細

目標1　［貧困］

あらゆる場所あらゆる形態の
貧困を終わらせる

目標2　［飢餓］

飢餓を終わらせ、食料安全保障
及び栄養の改善を実現し、
持続可能な農業を促進する

目標3　［保健］

あらゆる年齢のすべての人々の
健康的な生活を確保し、福祉を促進する

目標4　［教育］

すべての人に包摂的かつ公正な質の高い
教育を確保し、生涯学習の機会を促進する

目標5　［ジェンダー］

ジェンダー平等を達成し、
すべての女性及び女児の
エンパワーメントを行う

目標6　［水・衛生］

すべての人々の水と衛生の利用可能性と
持続可能な管理を確保する

目標7　［エネルギー］

すべての人々の、安価かつ信頼できる
持続可能な近代的なエネルギーへの
アクセスを確保する

目標8　［経済成長と雇用］

包摂的かつ持続可能な経済成長及びすべての
人々の完全かつ生産的な雇用と働きがいのある
人間らしい雇用（ディーセント・ワーク）を促進する

目標9　［インフラ、産業化、
イノベーション］

強靭（レジリエント）なインフラ構築、
包摂的かつ持続可能な産業化の促進
及びイノベーションの推進を図る

目標10　［不平等］

国内及び各国家間の不平等を是正する

目標11　［持続可能な都市］

包摂的で安全かつ強靭（レジリエント）で
持続可能な都市及び人間居住を実現する

目標12　［持続可能な消費と生産］

持続可能な消費生産形態を確保する

目標13　［気候変動］

気候変動及びその影響を軽減するための
緊急対策を講じる

目標14　［海洋資源］

持続可能な開発のために、海洋・海洋資源を
保全し、持続可能な形で利用する

目標15　［陸上資源］

陸域生態系の保護、回復、持続可能な利用の推進、持続可能な森林の経営、砂漠化への対処ならびに土地の劣化の阻止・回復及び生物多様性の損失を阻止する

目標16　［平和］

持続可能な開発のための平和で包摂的な社会を促進し、すべての人々に司法へのアクセスを提供し、あらゆるレベルにおいて効果的で説明責任のある包摂的な制度を構築する

目標17　［実施手段］

持続可能な開発のための実施手段を
強化し、グローバル・パートナーシップを
活性化する

出典：「パンフレット：持続可能な開発目標（SDGs）と日本の取組」外務省。

4　売上を伸ばす働き方改革を実践するための三大要素

高齢化と出生率の低下により、若い働き手が減少する一方、医療サービスの需要は高まり、それを担う労働者の確保はさらに難しくなります。その中で、医療機関が、必要な人材を確保して、売上を伸ばし、安心・安全な医療を提供し、地域社会に貢献するためには、医療従事者の働き方改革を進めていくことが大変重要となります。

つまり、働き方改革の目的は、人材を育成し、医療機関の売上を伸ばすことにあると考えます。

そこで、売上を伸ばすための働き方改革を実践するためには、3つの大きな要素があります（**図14**）。

第1に、適正な労働時間・休日を確保することにより、なにより

■図14　売上を伸ばす働き方改革を実践するための三大要素

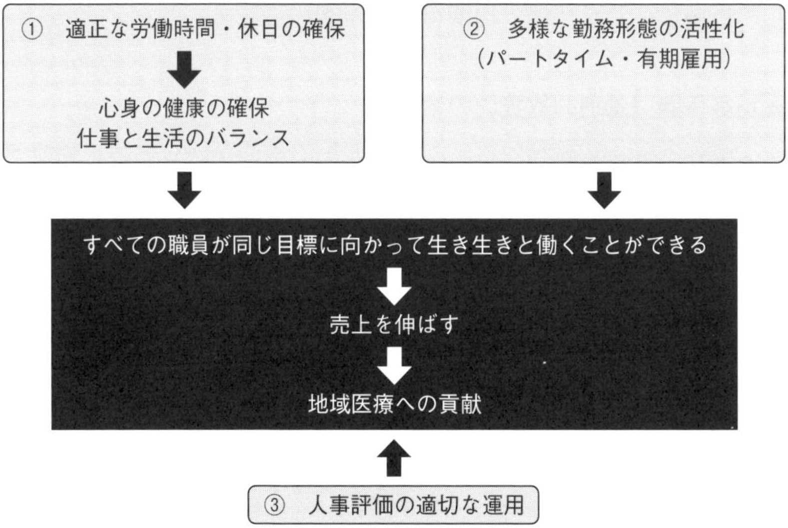

も医療従事者の心身の健康を確保し、仕事と生活のバランスを保たなければなりません。本書の主題である医師の働き方改革は、医師の長時間労働を是正し、医師の健康を確保することが目標となっています。

第２に、多様な勤務形態の活性化、いわゆる同一労働同一賃金ですが、医療機関はこれからますます人手不足になりますので、パートタイマーや有期雇用の医療従事者も大変貴重な戦力です。その働き方に応じた評価と待遇によって、モチベーションを上げてもらうことが必要です。

ここで、令和２年度から段階的に施行されている「同一労働同一賃金」の概要について、確認しておきましょう。

日本型「同一労働同一賃金」とは、同じ労働に対して同じ賃金を支払うということでは必ずしもなく、同一医療機関内の正規労働者と非正規労働者（パートタイマー・有期雇用労働者・派遣労働者）の間の不合理な待遇差を禁止するというものです。正規労働者と非正規労働者との間で業務の内容や責任の程度等が同じである場合には、同じ待遇（均等待遇）が求められ、それらが違う場合にはそれらの違いに応じた待遇（均衡待遇）が求められます。

★均等待遇（差別的取扱いの禁止）

①職務内容、②職務内容・配置の変更の範囲が同じ場合、給与や福利厚生等の待遇について同じ取扱いをする必要があります。

★均衡待遇（不合理な待遇差の禁止）

①職務内容、②職務内容・配置の変更の範囲が違う場合には、それらに加え、③その他の事情の違いに応じた範囲内で、待遇を決定する必要があります。

不合理な待遇差の禁止について、特に罰則はありませんが、行政からの助言・指導・勧告の対象となり、均等待遇について行政の勧告に反すれば、医療機関の名称が公表されます。

非正規労働者は、「正規労働者との待遇差の内容や理由」など、自身の待遇について事業主に説明を求めることができるようになりました。事業主は、非正規労働者から求めがあった場合は、説明をしなければなりません。

また、都道府県労働局において行われる無料・非公開の紛争解決手続の対象に、「均衡待遇」や「待遇差の内容・理由に関する説明」が加えられました。これまでは、正規労働者と非正規労働者との待遇の違いについて争う場合、時間と費用のかかる裁判に訴えるしか方法がありませんでしたが、今後は、手軽に争いを起こせるようになります。

この同一労働同一賃金に関しては、最近、注目すべき裁判所の判決が出ており、そのうちいくつかを次に紹介しますが、今後の裁判例の積み重ねによって、具体的な基準が明らかになっていくと思われますので、注意が必要です。

■賞与（大阪医科薬科大学事件：令和２年10月13日最高裁判決）

賞与の目的を「正職員としての職務を遂行し得る人材の確保やその定着を図る」ことにあるとして、正職員との①職務の内容の違い、②職務の内容や配置の変更の範囲の違い、③その他の事情を考慮して、アルバイト職員に賞与を支払わないことは不合理でないとした。

■退職金（メトロコマース事件：令和２年10月13日最高裁判決）

退職金の性格のうち、「正社員としての職務を遂行し得る人材の確保やその定着を図る」という性格を重視して、正社員との①職務の内容の違い、②職務の内容や配置の変更の範囲の違い、③その他の事情を考慮して、契約社員に退職金を支給しないことは不合理でないとした。

■扶養手当（日本郵便事件：令和２年10月15日最高裁判決）

扶養手当は、長期雇用を前提として基本給を補完する生活手当としての性質および趣旨を有する。契約社員についても、扶養親族があり、かつ、相応に継続的な勤務が見込まれるのであれば、扶養手当を支給する趣旨はあてはまる。争いになった契約社員は、契約期間が６か月以内または１年以内とされており、有期労働契約期間の更新を繰り返して勤務する者がいるなど、相応に継続的な勤務が見込まれる。したがって、正社員に対して扶養手当を支給する一方で、契約社員にこれを支給しないことは不合理と認められるとした。

■住宅手当（日本郵便事件：平成30年12月13日東京高裁判決）

正社員にも転居を伴う配置転換等が予定されていない場合には、正社員も契約社員も住宅に要する費用は同程度であるので、正社員に支給している住宅手当を契約社員には支給しないことは不合理であるとした。

売上を伸ばす働き方改革を実践するための第３の要素は、人事評価を適切に運用することです。このことによって、正社員もパートタイマーも、同じ経営目標に向かって働いてもらうことができるようにします。

人事評価というと、とかく期初の目標設定と期末の評価（査定）に関心が集まり、期中においてどのような目標を決めたのかについて忘れてしまっていることが多くなりがちです。しかし、これでは、人事評価の本来の目的である人材育成を達成することは難しいでしょう。できれば２週間か、少なくとも１か月ごとに、上司と部下の間で、その期間中の部下の行動について振り返り、すぐれた行動に対しては承認し、うまくいかなかった行動については注意・指導をすることによって、組織の目標に沿った部下の行動を促し、人材育成につなげていくことが重要です。

この３つの要素を組み合わせることで、すべての職員が同じ目標に向かって生き生きと働くことができるようになり、病院の売上を伸ばし、地域の医療機関として長く貢献できるようになると考えています。

第2章
医師の時間外労働規制の内容

1　労働時間の原則と医師に対する特例

(1)　労働時間の原則

労働時間の一般原則を定める労働基準法（昭和22年法律第49号）では、１日８時間、週40時間を法定労働時間とし、原則としてこれを超えて労働させてはならないと定めています（労働基準法32条）。

ただし、使用者は、当該事業場に労働者の過半数で組織する労働組合がある場合においてはその労働組合、労働者の過半数で組織する労働組合がない場合においては労働者の過半数を代表する者との書面による協定（いわゆる「36協定」）をし、これを労働基準監督署に届け出れば、法定労働時間を超えて労働させることができます。

これまで、36協定で定める時間外労働については、厚生労働大臣の告示によって、上限の基準が定められていましたが、臨時的に限度時間を超えて時間外労働を行わなければならない特別の事情が予想される場合には、特別条項付きの36協定を締結すれば、限度時間を超える時間まで時間外労働を行わせることが可能でした。

これまでの限度基準告示による上限は、罰則による強制力がなく、また特別条項を設けることで上限なく時間外労働を行わせることが可能となっていました。

そこで、令和元年４月から段階的に適用が始まった働き方改革によって、罰則付きの上限が法律に規定され、さらに、臨時的な特別な事情がある場合にも上回ることのできない上限が設けられました。

すなわち、今回の改正によって、法律上、時間外労働の上限は原則として月45時間・年360時間となり、臨時的な特別の事情がなければこれを超えることができなくなりました（労働基準法36条４

項・５項)。

臨時的な特別の事情があって労使が合意する場合（特別条項）でも、次の事項を守らなければなりません。

○時間外労働が年720時間以内

○時間外労働と休日労働の合計が月100時間未満

○時間外労働と休日労働の合計について、「２か月平均」「３か月平均」「４か月平均」「５か月平均」「６か月平均」がすべて１月当たり80時間以内

○時間外労働が月45時間を超えることができるのは、年６か月が限度

上記に違反した場合には、罰則（６か月以下の懲役または30万円以下の罰金）が科されるおそれがあります（労働基準法119条１号)。以上の時間外労働の改正内容は、令和元年４月１日から施行され、中小企業（医療のようなサービス業の場合、資本金の額もしくは出資の総額が5,000万円以下または常時使用する労働者数が100人以下）については１年間猶予された令和２年４月１日から施行されています。医療機関においても、医師以外の医療従事者については、この改正内容が適用されていますが、医師については、その業務の特殊性から５年間適用が猶予され、その間、関係者間において、医師の時間外労働規制の在り方について、検討が行われ、いよいよ令和６年４月１日から医師についても時間外労働規制が始まることになりました。

⑵　医師に対する特例

①　診療従事勤務医に令和６年度以降適用される水準（Ａ水準）(図15)

医療機関で患者に対する診療に従事する勤務医（以下「診療従事勤務医」という）の時間外労働の原則的な上限水準（以下「Ａ水準」という）は、次のとおりです。

■図15　医師の時間外労働規制について

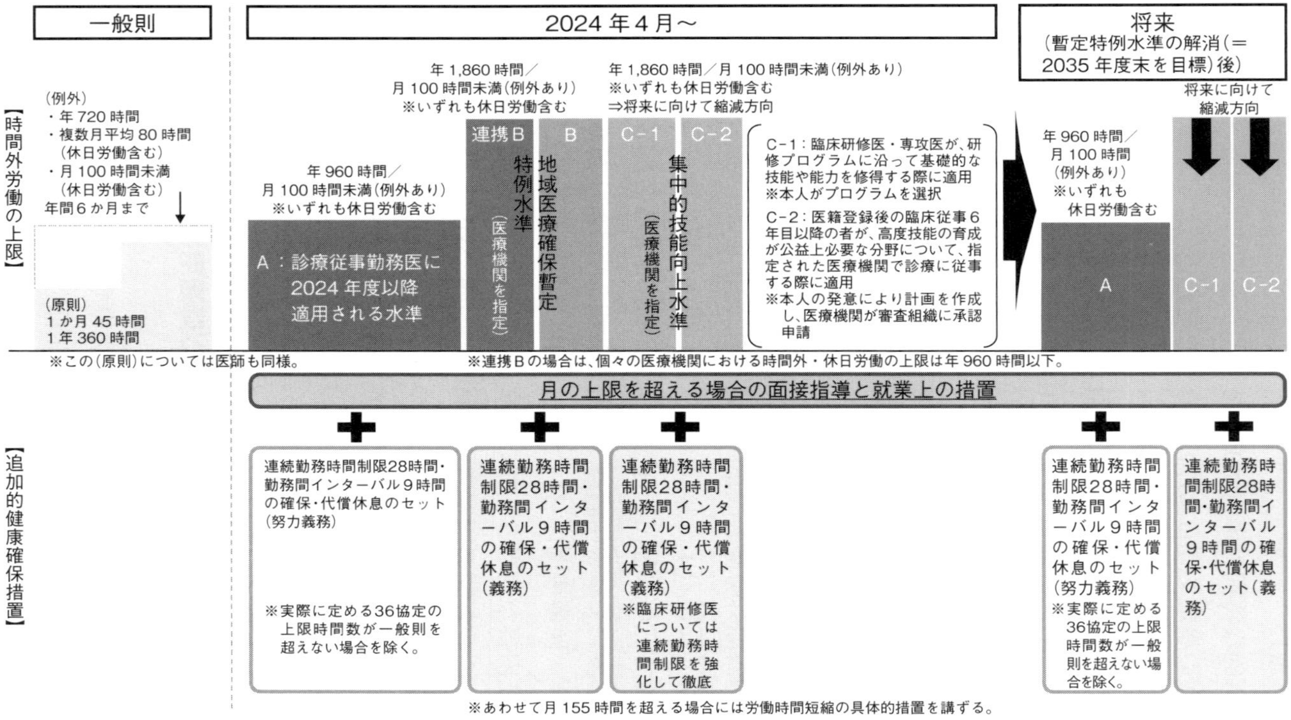

出典：特別支援事業研修行政説明資料（厚生労働省労働基準局労働条件政策課）、令和３年６月11日。

○通常予見される時間外労働につき、延長することができる時間数として36協定で協定する時間数の上限（以下「医師限度時間」という）は、医師についても一般労働者と同等の働き方を目指すという視点に立って、労働基準法36条４項の限度時間と同じ時間数（月45時間・年360時間）とされます。

○通常予見することのできない業務量の大幅な増加等に伴い臨時的に医師限度時間を超えて労働させる必要がある場合（以下「臨時的な必要がある場合」という）につき、延長することができる時間数として36協定で協定する時間数の上限については、医療は24時間365日、休日であっても当該医師の診療が必要な場合には休日労働を指示せざるを得ないこともあるため、年および月の両方について、休日労働込みの時間数として設定されます。

○「臨時的な必要がある場合」の１か月当たりの延長することができる時間数の上限については、脳・心臓疾患の労災認定基準における単月の時間外労働の水準（単月100時間未満）を考慮し、原則100時間未満（後述の追加的健康確保措置（面接指導と就業上の措置）を実施した場合には、例外あり）とされます。これは、患者数が多い、緊急手術が重なった等への対応を要する場合を想定しており、必要な地域医療確保のためのものです。

○「臨時的な必要がある場合」の１年当たりの延長することができる時間数の上限については、脳・心臓疾患の労災認定基準における時間外労働の水準（複数月平均80時間以下、休日労働込み）を考慮し、12か月分として年960時間とされます。これは、毎月平均的に働くとした場合には月80時間以下の労働となり、一般労働者の休日労働込み時間外労働についての上限である「複数月平均80時間以下」と同様の水準です。この場合、後述の追加的健康確保措置（連続勤務時間制限・勤務間インターバル・代償休息）が努力義務とされます。

○「臨時的な必要がある場合」は、医師の場合、臨時的な必要性が生じる時季や頻度が予見不能であることから、その適用を年６か月に限らないこととされます。

○36協定によっても超えられない時間外労働の時間数の上限として、月および年について、36協定上の上限時間数のうち、「臨時的な必要がある場合」の上限と同様の水準が定められます。

なお、医師の診療業務の公共性・不確実性を踏まえれば、ある月の医療ニーズが多く時間外労働が長かった場合に、翌月必ず短くして平均値が一定となるように調節することは、地域医療の実情や医師数の制約の下では困難であるため、月100時間以上の時間外労働が想定される場合の必須の措置として時間外労働時間数が月80時間以上となった段階で後述の追加的健康確保措置（面接指導・就業上の措置）を講ずることとし、複数月平均による規制は設けず、単月の規制のみとされます。

②　地域医療確保暫定特例水準（Ｂ水準）

令和６年４月においてすべての診療従事勤務医がＡ水準の適用となることを目指し、現在、労働時間の短縮に取り組まれていますが、地域医療提供体制の確保の観点からやむを得ずＡ水準を超えざるを得ない場合が想定されます。

そこで、地域での医療提供体制を確保するための経過措置として暫定的な特例水準（以下「Ｂ水準」という）が設けられましたが､その内容は次のとおりです。

○医師限度時間は、医師についても一般労働者と同等の働き方を目指すという視点に立って、労働基準法36条４項の限度時間と同じ時間数（月45時間・年360時間）とされます。※Ａ水準と同じ。

○「臨時的な必要がある場合」につき延長することができる時間数として36協定で協定する時間数の上限は、医療は24時間365日、休日であっても当該医師の診療が必要な場合には休日労働を指示せざるを得ないこともあるため、年および月の両方について、休日労働込みの時間数として設定されます。※Ａ水準と同じ。

○「臨時的な必要がある場合」の１か月当たりの延長することができる時間数の上限については、脳・心臓疾患の労災認定基準における単月の時間外労働の水準（単月100時間未満）を考慮し、原則100時間未満（後述の追加的健康確保措置（面接指導・就業上の措置）を実施した場合、例外あり）とされます。これは、患者数が多い、緊急手術が重なった等への対応を要する場合を想定しており、必要な地域医療確保のためのものです。※Ａ水準と同じ。

○「臨時的な必要がある場合」の１年当たりの延長することができる時間数の上限については、医師の勤務時間（「指示なし」時間を除く）の分布において、まずは上位１割に該当する医師の労働時間を確実に短縮することとし、1,860時間とされました。ただし、医師の健康確保の観点から後述の追加的健康確保措置（連続勤務時間制限・勤務間インターバル・代償休息）が義務として課されます。

○「臨時的な必要がある場合」は、医師の場合、臨時的な必要性が生じる時季や頻度が予見不能であることから、その適用を年６か月に限らないこととされました。※Ａ水準と同じ。

○36協定によっても超えられない時間外労働の上限として、月および年について、36協定上の上限時間数のうち、「臨時的な必要がある場合」の上限と同様の水準が定められます。

なお、医師の診療業務の公共性・不確実性を踏まえれば、ある月の医療ニーズが多く時間外労働が長かった場合に、翌月必ず短くして平均値が一定となるように調節することは、地域医療の実情や医師数の制約の下では困難であるため、複数月平均による規制は設けず、月100時間以上の時間外労働が想定される場合の必須の措置として時間外労働時間数が月80時間以上となった段階で後述の追加的健康確保措置（面接指導・就業上の措置）を講ずることとし、単月の規制のみとされました。※Ａ水準と同じ。

【B水準の対象医療機関の指定要件】

次に掲げる要件すべてに該当する医療機関を各都道府県が指定します（指定の有効期間は3年。**図16**）。

ア　医療機能が次の類型のいずれかに該当すること

◆「救急医療提供体制及び在宅医療提供体制のうち、特に予見不可能で緊急性の高い医療ニーズに対応するために整備しているもの」・「政策的に医療の確保が必要であるとして都道府県医療計画において計画的な確保を図っている「5疾病・5事業」」双方の観点から、

i　三次救急医療機関

ii　二次救急医療機関かつ「年間救急車受入台数1,000台以上又は年間での夜間・休日・時間外入院件数500件以上」かつ「医療計画において5疾病5事業の確保のために必要な役割を担うと位置付けられた医療機関」

iii　在宅医療において特に積極的な役割を担う医療機関

iv　公共性と不確実性が強く働くものとして、都道府県知事が地域医療提供体制の確保のために必要と認める医療機関
（例）精神科救急に対応する医療機関（特に患者が集中するもの）、小児救急のみを提供する医療機関、へき地において中核的な役割を果たす医療機関

◆特に専門的な知識・技術や高度かつ継続的な疾病治療・管理が求められ、代替することが困難な医療を提供する医療機関
（例）高度のがん治療、移植医療等極めて高度な手術・病棟管理、児童精神科等

イ　36協定において年960時間を超える時間外・休日労働に関する上限時間の定めをすることがやむを得ない業務が存在すること

エの医師労働時間短縮計画案に記載された時間外・休日労働の実績および**ウ**の都道府県医療審議会の意見を踏まえ、36協定において年960時間を超える時間外・休日労働に関する上限時間の定めをす

ることがやむを得ない業務があると考えられることとされています。

※　なお、当該医療機関内で医師のどの業務がやむを得ず長時間労働となるのかについては、36協定締結時に特定します。したがって、当該医療機関に所属するすべての医師の業務が当然に該当するものではなく、指定される事由となった業務に従事する医師にのみ適用されます（図18）。

ウ　都道府県医療審議会の意見聴取（地域の医療提供体制の構築方針との整合性）

Ｂ水準を適用することが地域の医療提供体制の構築方針（医療計画等）と整合的であることおよび地域の医療提供体制全体としても医師の長時間労働を前提とせざるを得ないことについて、都道府県は、都道府県医療審議会の意見を聴きます。その際、医療機関の機能分化・連携等を進めることによる将来の地域医療提供体制の目指すべき姿も踏まえることが必要であり、地域医療構想調整会議における、医療計画のうち地域医療構想の達成の推進のための協議状況を勘案し、地域医療構想との整合性を確認することが適当であるとされています。

また、地域の医療提供体制は、地域の医師の確保と一体不可分であるため、地域医療対策協議会における議論との整合性を確認することが適当であるとされています。このため、実質的な議論は、都道府県医療審議会に設けられた分科会や地域医療対策協議会等の適切な場において行うことが想定されています。

エ　医師労働時間短縮計画案の策定

Ｂ水準は、医療機関内のマネジメント改革を進めてもなお、地域に必要な医療提供体制の確保のためにＡ水準を超えざるを得ない場合に適用される水準であることから、後述の追加的健康確保措置の実施体制を整備しつつ、計画的に労働時間短縮に取り組む必要があります。このため、各医療機関は、医師を含む各職種が参加して医師労働時間短縮計画案を策定し、都道府県に提出します。そのうえで、PDCA サイクルに基づき、当該計画を少なくとも年１回点検し、

■図16　医療機関の特性に応じた上限規制の適用分類（AとB水準）

A水準および「地域医療確保暫定特例水準（B水準）」の対象となる医療機関の要件の概要

区分		対象医療機関の指定要件（概要）
A水準		医療機関が必須とされる機能を果たすために、当該医療機関内の業務により時間外・休日労働が年960時間を超えない場合
地域医療確保暫定特例水準	B水準	【医療機能】 ◆「救急医療提供体制及び在宅医療提供体制のうち、特に予見不可能で緊急性の高い医療ニーズに対応するために整備しているもの」・「政策的に医療の確保が必要であるとして都道府県医療計画において計画的な確保を図っている「5疾病・5事業」」双方の観点から、 ⅰ. 三次救急医療機関 ⅱ. 二次救急医療機関かつ「年間救急車受入台数1,000台以上又は年間での夜間・休日・時間外入院件数500件以上」かつ「医療計画において5疾病5事業の確保のために必要な役割を担うと位置付けられた医療機関」 ⅲ. 在宅医療において特に積極的な役割を担う医療機関 ⅳ. 公共性と不確実性が強く働くものとして、都道府県知事が地域医療提供体制の確保のために必要と認める医療機関 （例）精神科救急に対応する医療機関（特に患者が集中するもの）、小児救急のみを提供する医療機関、へき地において中核的な役割を果たす医療機関 ◆特に専門的な知識・技術や高度かつ継続的な疾病治療・管理が求められ、代替することが困難な医療を提供する医療機関 （例）高度のがん治療、移植医療等極めて高度な手術・病棟管理、児童精神科等 【長時間労働の必要性】※B水準が適用されるのは、医療機関内の全ての医師ではなく、下記の医師に限られる。 ◆上記機能を果たすために、やむなく、予定される時間外・休日労働が年960時間を超える医師が存在すること。

出典：「医師の働き方改革の推進に関する検討会　中間とりまとめ、同参考資料（令和2年12月）」より日本能率協会編集。

必要な改善を行うことを含め、労働時間短縮に取り組みます。

オ　医療機関勤務環境評価センターによる評価の受審

医療機関における追加的健康確保措置や労務管理の実施状況、労働時間の実績や労働時間短縮に向けた取組状況等について、過去3年の間に医療機関勤務環境評価センターによる評価をあらかじめ受けていることを都道府県において確認します。

都道府県は、その評価結果を踏まえ、B水準の対象医療機関の指定を行います。

カ　労働関係法令の重大・悪質な違反がないこと

医療機関は事業者として労働関係法令の遵守が求められます。特に、B水準の対象医療機関は、例外的に医師の長時間労働が許容されることから、より適切な労働時間管理等が求められます。このた

■図17　医療機関の特性に応じた上限規制の適用分類（連携Ｂ・Ｃ－１・Ｃ－２水準）

「地域医療確保暫定特例水準（連携Ｂ水準）」および「集中的技能向上水準（C-1・C-2水準）」の対象となる医療機関の要件

区分		対象医療機関の指定要件（概要）
地域医療確保暫定特例水準	連携Ｂ水準	【医療機能】 ◆医師の派遣を通じて、地域の医療提供体制を確保するために必要な役割を担う医療機関 （例）大学病院、地域医療支援病院等のうち当該役割を担うもの 【長時間労働の必要性】※連携Ｂ水準が適用されるのは、医療機関内の全ての医師ではなく、下記の医師に限られる ◆自院において予定される時間外・休日労働は年960時間以内であるが、上記機能を果たすために、やむなく、他の医療機関での勤務と通算での予定される時間外・休日労働が年960時間を超える医師が存在すること（※連携Ｂ水準の指定のみを受けた場合の、個々の医療機関における36協定での時間外・休日労働の上限は年960時間）
集中的技能向上水準	C-1水準	◆都道府県知事により指定された臨床研修プログラム又は日本専門医機構により認定された専門研修プログラム／カリキュラムの研修機関 ：臨床研修医及び原則として日本専門医機構の定める専門研修プログラム／カリキュラムに参加する専攻医であって、予め作成された研修計画に沿って、一定期間集中的に数多くの診療を行い、様々な症例を経験することが医師（又は専門医）としての基礎的な技能や能力の修得に必要不可欠である場合
	C-2水準	◆対象分野における医師の育成が可能であること ：医籍登録後の臨床に従事した期間が６年目以降の者であって、先進的な手術方法など高度な技能を有する医師を育成することが公益上必要とされる分野において、指定された医療機関で、一定期間集中的に当該高度特定技能の育成に関連する診療業務を行う場合

その他の要件としては以下の通り。

- 都道府県医療審議会の意見聴取（地域の医療提供体制の構築方針との整合性）（B・連携Ｂ水準）
- 都道府県医療審議会の意見聴取（地域の医療提供体制への影響の確認）（C-1・C-2水準）
- 医師労働時間短縮計画の策定（努力義務）（B・連携Ｂ・C-1・C-2水準）
- 評価機能による評価の受審（B・連携Ｂ・C-1・C-2水準）
- 労働関係法令の重大・悪質な違反がないこと（B・連携Ｂ・C-1・C-2水準）

出典：「医師の働き方改革の推進に関する検討会　中間とりまとめ、同参考資料（令和２年12月）」より日本能率協会編集。

め、労働時間に関する労働基準法および賃金の支払いに関する最低賃金法（昭和34年法律第137号）の各規定に違反したことにより、過去１年以内に送検され、公表されたことがある場合には、長時間労働が例外的に許容される医師を雇用する雇用主として不適格であるとし、Ｂ水準の対象医療機関としての指定は認められません。

③　連携Ｂ水準

大学病院等の常勤勤務医の一定数は、主たる勤務先における時間外・休日労働は年960時間以内ですが、副業・兼業先での労働時間を通算すると、時間外・休日労働が年960時間を超過している実態があります。これらの医師は、主たる勤務先においてＡ水準が適用され、副業・兼業先での労働時間を通算した時間外・休日労働が年960時間に達した際は、それ以降、いずれの医療機関においても時間外・休日労働を行えないこととなりますが、副業・兼業についても、地域全体での医療提供体制の確保の観点から必須とされるものがあることから、Ｂ水準の中に、副業・兼業先での労働時間と通算して時間外・休日労働の上限を年1,860時間とする水準が設けられました。これを「連携Ｂ水準」といいます。

この連携Ｂ水準は、医師の派遣を通じて、地域の医療提供体制を確保するために必要な役割を担う医療機関を指定して適用されます。

【連携Ｂ水準の対象医療機関の指定要件】

次に掲げる要件すべてに該当する医療機関を各都道府県が指定します（指定の有効期間は、３年。**図17**）。

ア　医師の派遣を通じて、地域の医療提供体制を確保するために必要な役割を担う医療機関であること

（例）大学病院、地域医療支援病院等

イ　36協定においては年960時間以内の時間外・休日労働に関する上限時間の定めをしているが、副業・兼業先での労働時間を通算すると、時間外・休日労働が年960時間を超えることがやむを得ない医師が勤務していること

エの医師労働時間短縮計画案に記載された時間外・休日労働の実績および**ウ**の都道府県医療審議会の意見を踏まえ、副業・兼業により時間外・休日労働が年960時間を超えることがやむを得ない医師が勤務すると考えられることとされています。

※　なお、当該医療機関内でどの医師が副業・兼業によりやむを得ず長時間

労働となるのかについては、予定される副業･兼業の内容を踏まえ、特定します。医療機関は該当する医師に対して追加的健康確保措置を適切に実施するためにも、当該医師が明確となるように管理する必要があります。

ウ　都道府県医療審議会の意見聴取（地域の医療提供体制の構築方針との整合性）（Ｂ水準と同じ）

エ　医師労働時間短縮計画案の策定（Ｂ水準と同じ）

オ　医療機関勤務環境評価センターによる評価の受審（Ｂ水準と同じ）

カ　労働関係法令の重大・悪質な違反がないこと（Ｂ水準と同じ）

④　集中的技能向上水準（Ｃ水準）

今後、令和６年４月のＡ水準適用に向けた医師の労働時間の短縮が図られていきますが、短縮の仕方によっては、

○臨床研修医・専門研修中の医師が一定の知識・手技を身につけるために必要な診療経験を得る期間が長期化し、学習・研鑽に積極的な医師の意欲に応えられないうえ、医師養成の遅れにつながるおそれ

○我が国の医療水準の維持発展に向けて高度な技能を有する医師を育成することが公益上必要な分野においては、高度に専門的な知識・手技の修練に一定の期間集中的に取り組むことを可能としなければ、新しい診断・治療法の活用・普及等が滞るおそれ

があり、ひいては医療の質および医療提供体制への影響が懸念されます。

このため、一定の期間集中的に技能向上のための診療を必要とする医師向けの水準が設けられました。これが、集中的技能向上水準（以下「Ｃ水準」という）です。

Ｃ水準には、次の２類型があります。

○Ｃ－１水準……初期研修医および原則として日本専門医機構の定める専門研修プログラム／カリキュラムに参加する後期研修医で

あって、あらかじめ作成された研修計画に沿って、一定期間集中的に数多くの診療を行い、様々な症例を経験することが医師（または専門医）としての基礎的な技能や能力の修得に必要不可欠である場合

○C－２水準……医籍登録後の臨床に従事した期間が６年目以降の者であって、先進的な手術方法など高度な技能を有する医師を育成することが公益上必要とされる分野[※1]において、指定された医療機関で、一定期間集中的に当該高度特定技能の育成に関連する診療業務を行う場合

※１　高度に専門的な医療を三次医療圏単位またはより広域で提供することにより、我が国の医療水準の維持発展を図る必要がある分野であって、そのための技能を一定の期間、集中的に修練する必要がある分野が想定されており、今後、厚生労働大臣により公示される予定。

C－１水準およびC－２水準の上限時間については、令和６年４月の規制適用段階においては、36協定における「医師限度時間（月45時間・年360時間）」・「臨時的な必要がある場合」の上限（月原則100時間未満・年1,860時間）、および36協定によっても超えられない時間外労働の上限（月原則100時間未満・年1,860時間）について、B水準と同様です。

【C－１水準の対象医療機関の指定要件】

次に掲げるすべてに該当する医療機関を各都道府県が指定します（指定の有効期間は、３年。**図17**）。

ア　都道府県知事により指定された臨床研修プログラムまたは日本専門医機構により認定された専門研修プログラム／カリキュラムの研修機関であること

イ　36協定において年960時間を超える時間外・休日労働に関する上限時間の定めをする必要があること

「適正な労務管理」[※2]と「研修の効率化」[※3]が行われたうえで、**エ**の医師労働時間短縮計画案に記載された時間外・休日労働の実績

及び指定申請の際に明示されたプログラム・カリキュラムの想定労働時間（プログラム全体及び各医療機関における時間）を踏まえ、36協定において年960時間を超える時間外・休日労働に関する上限時間の定めが必要と考えられることとされています。

※２　「適正な労務管理」(労働時間管理をはじめとした労働関係法令に規定された事項および医療法（昭和23年法律第205号）に規定された追加的健康確保措置の実施）は､**エ**の医師労働時間短縮計画案の記載内容および**オ**の医療機関勤務環境評価センターによる評価結果により、都道府県知事が確認します。

※３　「研修の効率化」(単に労働時間を短くすることではなく、十分な診療経験を得る機会を維持しつつ、カンファレンスや自己研鑽などを効果的に組み合わせるに当たり､マネジメントを十分に意識し､労働時間に対して最大の研修効果を上げること）は､地域医療対策協議会等の意見を聴いたうえで、**エ**の医師労働時間短縮計画案の記載内容により、都道府県知事が確認します。

ウ　都道府県医療審議会の意見聴取（地域の医療提供体制への影響の確認）

Ｃ－１水準を適用することにより、地域における臨床研修医や専攻医等の確保に影響を与える可能性があることから、地域の医療提供体制への影響を確認することが適当であり、都道府県は、都道府県医療審議会の意見を聴くこととされています。なお、地域医療対策協議会においても協議することとされています。

エ　医師労働時間短縮計画案の策定（Ｂ・連携Ｂ水準と同じ）

オ　医療機関勤務環境評価センターによる評価の受審（Ｂ・連携Ｂ水準と同じ）

カ　労働関係法令の重大・悪質な違反がないこと（Ｂ・連携Ｂ水準と同じ）

【Ｃ－２水準の対象医療機関の指定要件】

次に掲げる要件すべてに該当する医療機関を各都道府県が指定します（指定の有効期間は、３年。**図17**)。

ア　対象分野における医師の育成が可能であること

Ｃ－２水準の対象として厚生労働大臣が公示する「我が国の医療技術の水準向上に向け、先進的な手術方法など高度な技能を有する医師を育成することが公益上必要である分野」において、Ｃ－２水準の対象として新たに設置される審査組織が特定する技能（以下「特定高度技能」という）を有する医師を育成するのに十分な教育研修環境を有していることを当該審査組織において確認します。

イ　36協定において年960時間を超える時間外・休日労働に関する上限時間の定めをする必要があること

エの医師労働時間短縮計画案に記載された時間外・休日労働の実績および審査組織の意見を踏まえ、36協定において年960時間を超える時間外・休日労働に関する上限時間の定めが必要と考えられることとされています。

ウ　都道府県医療審議会の意見聴取（地域の医療提供体制への影響の確認）

Ｃ－２水準を適用することにより、地域における高度な技能が必要とされる医療の提供体制に影響を与える可能性があることから、地域の医療提供体制への影響および構築方針との整合性を確認することが適当であり、都道府県は、都道府県医療審議会の意見を聴くこととされています。

エ　医師労働時間短縮計画案の策定（Ｂ・連携Ｂ・Ｃ－１水準と同じ）

オ　医療機関勤務環境評価センターによる評価の受審（Ｂ・連携Ｂ・Ｃ－１水準と同じ）

カ　労働関係法令の重大・悪質な違反がないこと（Ｂ・連携Ｂ・Ｃ－１水準と同じ）

★留意点

A・B・連携B・C－1・C－2各水準は、医療機関で患者に対する診療に従事する勤務医に適用されるものであり、医業に従事しない医師（行政機関の従事者等）については令和6年4月までの適用猶予がなく一般の労働者に適用される時間外労働の上限が適用されます。

また、A水準以外の各水準は、指定を受けた医療機関に所属するすべての医師に適用されるのではなく、指定される事由となった業務に従事する医師にのみ適用されます。したがって、所属する医師に異なる水準を適用させるためには、医療機関はそれぞれの水準についての指定を受ける必要がありますので、ご留意ください（**図18**）。

■図18　各水準の指定と適用を受ける医師について

A水準以外の各水準は、指定を受けた医療機関に所属する全ての医師に適用されるのではなく、指定される事由となった業務に従事する医師にのみ適用される。所属する医師に異なる水準を適用させるためには、医療機関はそれぞれの水準についての指定を受ける必要がある。

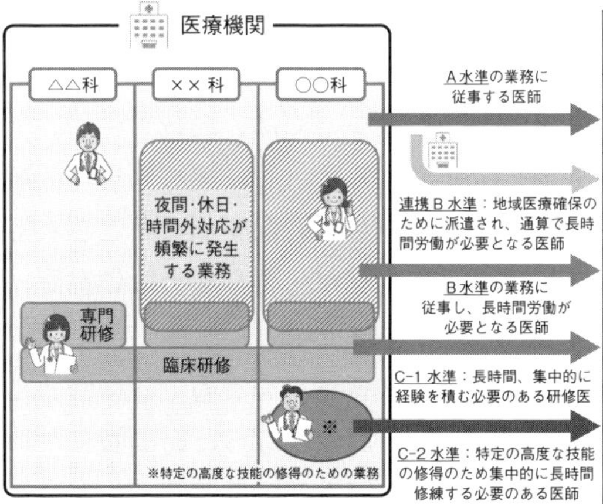

＊年の時間外・休日労働時間数
（簡明さを優先し、詳細は省略）

医療機関に必要な指定	医師に適用される水準	
	36協定で定めることができる時間＊	実際に働くことができる時間＊（通算）
－	960以下	960以下
連携B	960以下	1,860以下
B	1,860以下	1,860以下
C-1	1,860以下	1,860以下 臨床研修医にはより強い健康確保措置
C-2	1,860以下	1,860以下

この医療機関の例の場合、
連携B、B、C-1、C-2の4つの指定が必要となる。
（それぞれの指定要件は大部分が共通）

出典：特別支援事業研修行政説明資料（厚生労働省労働基準局労働条件政策課）、令和3年6月11日。

⑤　追加的健康確保措置

人命を預かるという医療の特性から、やむを得ず、一般の労働者に適用される時間外労働の上限を超えて医師が働かざるを得ない場合に、医師の健康を確保し、医療の質や安全を確保するために、一般労働者について限度時間を超えて労働させる場合に求められている健康確保措置（医師による面接指導等）に加えた措置（追加的健康確保措置）を講ずることとされています。

具体的には、医療機関の管理者が主体となって次の措置を実施することとされています。

ア　連続勤務時間制限・勤務間インターバル・代償休息

連続勤務時間制限は、労働基準法上の宿日直許可を受けている場合を除き、28時間までとされています。勤務間インターバルについては、当直および当直明けの日を除き、24時間の中で、通常の日勤後の次の勤務までに９時間のインターバルを確保することとされています。当直明けの日（宿日直許可がない場合）については、連続勤務時間制限を28時間としたうえで、勤務間インターバルは18時間とされています。当直明けの日（宿日直許可がある場合）については、通常の日勤と同様、９時間のインターバルを確保することとされています。

Ｃ－１水準が適用される臨床研修医については、連続勤務時間制限および勤務間インターバルを徹底することとし、連続勤務時間制限15時間、勤務間インターバル９時間を必ず確保することとされています。また、例外的に24時間の連続勤務が必要な場合は勤務間インターバルも24時間確保することとされています。

連続勤務時間制限および勤務間インターバルを実施できなかった場合の代償休息の付与方法については、対象となった時間数について、所定労働時間中における時間休の取得または勤務間インターバルの延長のいずれかによることとされていますが、疲労回復に効果的な休息の付与の観点から次のような点に留意することとされています。
・勤務間インターバルの延長は、睡眠の量と質の向上につながる
・代償休息を生じさせる勤務の発生後、できる限り早く付与する
・オンコールからの解放、シフト制の厳格化等の配慮により、仕事から切り離された状況を設定する

また、代償休息は予定されていた休日以外で付与することが望ましく、特に面接指導の結果によって個別に必要性が認められる場合には、予定されていた休日以外に付与することとされています。

連続勤務時間制限、勤務間インターバル、代償休息については、Ｂ・連携Ｂ・Ｃ－１・Ｃ－２水準の対象医療機関においてＢ・連携Ｂ・Ｃ－１・Ｃ－２水準の対象とされた業務の従事者が対象となり、Ａ水準適用医師については努力義務とされています。

イ　面接指導・就業上の措置

面接指導を行う医師（以下「面接指導実施医師」という）は、産業医を含め、長時間労働の医師の面接指導に必要な知見に係る講習を受講して面接指導に従事します。ただし、医療機関の管理者自ら面接指導実施医師にはならないようにします。

面接指導・就業上の措置については、原則としてＡ・Ｂ・連携Ｂ・Ｃ－１・Ｃ－２いずれの水準の適用医師にも、当月の時間外・休日労働が100時間に到達する前に睡眠および疲労の状況の確認並びに面接指導を行います。なお、Ａ水準適用医師で疲労の蓄積が確認されなかった者については100時間以上となった後での面接指導でも差し支えないとされています。

就業上の措置は、面接指導を受けた医師の健康状態に応じて、面接指導実施医師の意見を踏まえて管理者が行うものですが、医師の勤務実態を踏まえた例示として、以下のようなものが想定されています。

（就業制限・配慮）

・当直・連続勤務の禁止

・当直・連続勤務の制限（○回／月まで）
・就業内容・場所の変更（外来業務のみ等）
・時間外労働の制限（○時間／週まで）
・就業日数の制限（○日／週まで）
・就業時間を制限（○時○分～○時○分）
・変形労働時間制または裁量労働制の対象からの除外

（就業の禁止）

・○日間の休暇・休業

また、当月の時間外・休日労働が155時間を超えた場合の就業上の措置については、A・B・連携B・C－1・C－2いずれの水準の適用医師にも、当該時間が155時間を超えた場合に労働時間短縮のための具体的措置を行うこととされています。

⑥　地域医療確保暫定特例水準（連携Ｂ水準）・集中的技能向上水準（Ｃ－１・Ｃ－２水準）の将来の在り方

B・連携B水準については、医師偏在対策の実施状況等を踏まえて令和17年度末（2035年度末）を目途に廃止され、A水準に収れんされます。

また、C－1・C－2水準については、研修および医療の質を低下させずに効率的な研修を実現していくことによって技能向上に要する時間の短縮が図られる可能性もあり、その水準については将来的な縮減を目指すこととされています。

⑦　医療機関勤務環境評価センターによる評価

各医療機関は、B・連携B・C－1・C－2水準の指定を都道府県から受けようとする場合には、あらかじめ医療機関勤務環境評価センターによる評価を受けなければなりません。

各医療機関は、医師労働時間短縮計画に基づき労働時間短縮に取り組みますので、医療機関勤務環境評価センターは、医師労働時間短縮計画の記載事項をもとに、評価の視点に基づき、労務管理体制、医師の労働時間短縮に向けた取組、労務管理体制の構築と労働時間短縮の取組の実施後の評価について分析・評価を行います。評価に当たっては、より精緻な分析・評価のため、書面での評価のみではなく、医療機関への訪問評価も行うこととされています。

評価の各項目については、定量的な段階評価とともに、定性的な所見（○○○の状況の中で、○○に関するタスク・シフト／シェアが進んでいないと考えられる、等）を評価結果として付されます。

★評価の視点（図19）

ストラクチャー（労務管理体制)、プロセス（医師の労働時間短縮に向けた取組)、アウトカム（労務管理体制の構築と労働時間短縮の取組の実施後の評価）に分けて、医師労働時間短縮計画の項目を中心に評価が行われます。

また、労働時間の実績は、医療機関の医療提供体制やその医療需要と相互に影響し合うことから、参考データとして、医師数、病床数、看護師数といった医療機関の医療提供体制を示すデータのほか、手術件数、患者数、救急車受け入れ台数といった医療のアウトプットをデータとして、評価結果に付されます。

評価結果については公表されるとともに、医療機関へフィードバックが行われます。

さらに、地域医療提供体制との関係について分析するに当たり、評価結果をまとめる際に必要に応じて地域医療構想アドバイザー等の意見を聞くことにより、その専門性が補完されることになっています（具体的な評価項目と評価基準については、**第７章－７**を参照)。

■図19　医療機関勤務環境評価センターにおける評価の内容・評価の視点

医師労働時間短縮計画の記載事項等を参考に、以下のような視点で、各項目について定量的な評価とともに、定性的な所見（○○○の状況の中で、○○に関するタスク・シフト／シェアが進んでいないと考えられる、等）を評価結果として付す。

	評価内容	評価の視点
ストラクチャー	医師の労働時間短縮に向けた労務管理体制の構築	【医師の労働時間短縮に求められる基本的労務管理体制】 ・適切な労務管理体制の構築 ・人事・労務管理の仕組みと各種規程の整備・届出・周知 ・適切な36協定の締結・届出 ・医師労働時間短縮計画の作成と周知 【医師の勤務環境の適切な把握と管理に求められる労務管理体制】 ・医師の労務管理における適切な労働時間の把握・管理体制 ・医師の面接指導及び就業上の措置の実施体制 ・月の時間外・休日労働が155時間を超えた場合の措置の実施体制 【産業保健の仕組みと活用】 ・衛生委員会の状況 ・健康診断の実施状況
プロセス	医師の労働時間短縮に向けた取組	【医師の労働時間短縮に向けた取組の実施】 ・医師の適切な勤務計画の作成 ・医師の労働時間短縮に向けた研修・周知の実施（管理職マネジメント研修の実施等） ・タスク・シフト／シェアの実施（特定行為研修修了看護師の活用等） ・医師の業務の見直しの実施（複数主治医制やチーム制の導入・実施等） ・医師の勤務環境改善への取組の実施（院内保育や他の保育支援等の整備状況等） ・患者・地域への周知・理解促進への取組の実施
アウトカム	労務管理体制の構築と労働時間短縮の取組実施後の評価	【労務管理体制の構築と労働時間短縮に向けた取組実施後の結果の把握】 ・医療機関全体の状況（時間外・休日労働時間数、追加的健康確保措置の実施状況等） ・医師の状況（職員満足度調査・意見収集の実施） ・患者の状況（患者満足度調査・意見収集の実施）
参考	・医療機関の医療提供体制 ・医療機関の医療アウトプット	【医療機関の医療提供体制】（※１） 【医療機関の医療アウトプット】（※２）

（※１）診療科ごとの医師数、病床数、看護師数、医師事務作業補助者数等、労働時間に影響を与える要素として分析を行うことを想定。
（※２）手術件数、患者数、救急車受け入れ台数の他、医療計画や地域医療構想に用いる項目を想定。

出典：第17回医師の働き方改革の推進に関する検討会資料３、令和４年３月23日。

2　医師の働き方改革関連法の概要

医師の労働時間の短縮および健康確保等を図るため、医師の働き方改革関連法(「良質かつ適切な医療を効率的に提供する体制の確保を推進するための医療法等の一部を改正する法律（令和３年法律第49号)」）が、令和３年５月28日公布され、順次施行することとされました。

この法律の改正の趣旨および医師の働き方改革に関連する主な内容は、次のとおりです（**図20**。新旧対照条文は、巻末資料４に掲載）。

⑴　改正の趣旨

医師の長時間労働等の状況に鑑み、良質かつ適切な医療を効率的に提供する体制の確保を推進するため、医師の労働時間の短縮および健康確保のための制度の創設、各医療関係職種の業務範囲の見直し等の措置を講ずるとともに、外来医療の機能の明確化および連携の推進のための報告制度の創設、地域医療構想の実現に向けた医療機関の取組に関する支援の仕組みの強化等の措置を講ずることです。

⑵　医師の働き方改革に関連する主な内容

◆医療法の一部改正

①　医師の労働時間の短縮および健康確保のための制度の創設等に関する事項

ア　厚生労働大臣が定める指針

厚生労働大臣は、労働時間を短縮し健康を確保することにより、医師が良質かつ適切な医療を行うことができるよう、関係者が適切に対処するために必要な指針を定め、公表するものとすること（105

■図20　良質かつ適切な医療を効率的に提供する体制の確保を推進するための医療法等の一部を改正する法律の概要

改正の趣旨　　　　令和３年５月28日　公布

良質かつ適切な医療を効率的に提供する体制の確保を推進する観点から、医師の働き方改革、各医療関係職種の専門性の活用、地域の実情に応じた医療提供体制の確保を進めるため、長時間労働の医師に対し医療機関が講ずべき健康確保措置等の整備や地域医療構想の実現に向けた医療機関の取組に対する支援の強化等の措置を講ずる。

改正の概要

〈Ⅰ．医師の働き方改革〉

長時間労働の医師の労働時間短縮及び健康確保のための措置の整備等（医療法）
【令和６年４月１日に向け段階的に施行】
医師に対する時間外労働の上限規制の適用開始（令和６年４月１日）に向け、次の措置を講じる。
・勤務する医師が長時間労働となる医療機関における医師労働時間短縮計画の作成
・地域医療の確保や集中的な研修実施の観点から、やむを得ず高い上限時間を適用する医療機関を都道府県知事が指定する制度の創設
・当該医療機関における健康確保措置（面接指導、連続勤務時間制限、勤務間インターバル規制等）の実施　等

〈Ⅱ．各医療関係職種の専門性の活用〉

１．医療関係職種の業務範囲の見直し（診療放射線技師法、臨床検査技師等に関する法律、臨床工学技士法、救急救命士法）　【令和３年10月１日施行】
　タスクシフト／シェアを推進し、医師の負担を軽減しつつ、医療関係職種がより専門性を活かせるよう、各職種の業務範囲の拡大等を行う。
２．医師養成課程の見直し（医師法、歯科医師法）
【①は令和７年４月１日／②は令和５年４月１日施行等】※歯科医師も同様の措置
　①共用試験合格を医師国家試験の受験資格要件とし、②同試験に合格した医学生が臨床実習として医業を行うことができる旨を明確化。

〈Ⅲ．地域の実情に応じた医療提供体制の確保〉

１．新興感染症等の感染拡大時における医療提供体制の確保に関する事項の医療計画への位置付け（医療法）　【令和６年４月１日施行】
　医療計画の記載事項に新興感染症等への対応に関する事項を追加する。
２．地域医療構想の実現に向けた医療機関の取組の支援（地域における医療及び介護の総合的な確保の促進に関する法律）　【公布日施行】
　令和２年度に創設した「病床機能再編支援事業」を地域医療介護総合確保基金に位置付け、当該事業については国が全額を負担することとするほか、再編を行う医療機関に対する税制優遇措置を講じる。
３．外来医療の機能の明確化・連携（医療法）　【令和４年４月１日施行】
　医療機関に対し、医療資源を重点的に活用する外来等について報告を求める外来機能報告制度の創設等を行う。

〈Ⅳ．その他〉持ち分の定めのない医療法人への移行計画認定制度の延長【公布日施行】

条関係）

イ　医療機関勤務環境評価センター

ⅰ　厚生労働大臣が指定する医療機関勤務環境評価センターは、病

院または診療所に勤務する医師の労働時間の短縮のための取組の状況その他厚生労働省令で定める事項について評価を行うこと等の業務を行うものとすること（107条および108条関係。令和６年４月１日以降は130条および131条）

ⅱ　医療機関勤務環境評価センターは、ⅰの評価の結果を、遅滞なく、当該評価に係る病院または診療所の管理者およびその所在地の都道府県知事に対して通知しなければならないものとし、都道府県知事は、厚生労働省令で定めるところにより、通知された評価の結果を公表しなければならないものとすること（109条および111条関係。令和６年４月１日以降は132条および134条）

ウ　長時間労働となる医師に対する面接指導

ⅰ　病院または診療所の管理者は、当該病院または診療所に勤務する医師のうち、各月の労働時間の状況が厚生労働省令で定める要件に該当する者（以下このウにおいて「面接指導対象医師」という）に対し、医師（面接指導対象医師に対し、面接指導を行うのに適切な者として厚生労働省令で定める要件に該当する者に限る。以下このウにおいて「面接指導実施医師」という）による面接指導を行わなければならないものとするとともに、面接指導実施医師の意見を勘案し、その必要があると認めるときは、当該面接指導対象医師の実情を考慮して、労働時間の短縮、宿直の回数の減少その他の適切な措置を講じなければならないものとすること（108条１項から５項まで関係）

ⅱ　病院または診療所の管理者は、面接指導対象医師について、各月の当該面接指導対象医師の労働時間の状況が特に長時間であるものとして厚生労働省令で定める要件に該当する場合には、労働時間の短縮のために必要な措置を講じなければならないものとすること（108条６項関係）

エ　休息時間の確保（連続勤務時間制限・勤務間インターバル）

ⅰ　病院または診療所の管理者は、当該病院または診療所に勤務する医師のうち、その予定されている労働時間の状況（１年の期間に係るものに限る）が厚生労働省令で定める要件に該当する者(**ス**のｉの特定対象医師を除き、以下この**エ**において「対象医師」という）に対し、当該対象医師ごとに厚生労働省令で定める業務の開始から厚生労働省令で定める時間を経過するまでに、厚生労働省令で定めるところにより、継続した休息時間を確保するよう努めなければならないものとすること（110条１項本文関係）

ii　厚生労働省令で定める業務の開始から厚生労働省令で定める時間を経過するまでに、対象医師を宿日直勤務（厚生労働大臣の定める基準に適合するものに限る。以下この**エ**および**ス**において同じ）に従事させる場合は、ｉの限りでないものとすること（110条１項ただし書関係）

iii　病院または診療所の管理者は、対象医師に対し、ｉの休息時間を確保しなかった場合には、厚生労働省令で定めるところにより、事後において、これに相当する休息時間を確保するよう努めなければならないものとすること（110条２項関係）

iv　iiの場合において、病院または診療所の管理者は、宿日直勤務中に、対象医師を労働させたときは、当該宿日直勤務後に、当該対象医師に対し、厚生労働省令で定めるところにより、必要な休息時間を確保するよう努めなければならないものとすること（110条３項関係）

オ　都道府県知事による病院または診療所の開設者に対する命令

都道府県知事は、病院または診療所の管理者が、正当な理由がなく、**ウ**のｉの面接指導を行っていないと認めるときまたは**ウ**のiiの必要な措置を講じていないと認めるとき等は、当該病院または診療所の開設者に対し、期限を定めて、その改善に必要な措置をとるべきことを命ずることができるものとすること（111条関係）

カ　特定地域医療提供機関（Ｂ水準）

ｉ　都道府県知事は、次に掲げる医療のいずれかを提供するために医師をやむを得ず長時間従事させる必要がある業務として厚生労働省令で定めるものがあると認められる病院または診療所を、当該病院または診療所の開設者の申請により、特定地域医療提供機関として指定することができるものとすること（113条１項関係）

ⅰ）救急医療

ⅱ）居宅等における医療

ⅲ）地域において当該病院または診療所以外で提供することが困難な医療

ⅱ　ⅰの指定の申請は、厚生労働省令で定める事項を記載した申請書に、ⅰの業務に従事する医師の労働時間の短縮に関する計画（以下「労働時間短縮計画」という）の案を添えてしなければならないものとすること（113条２項関係）

ⅲ　都道府県知事は、ⅰの申請に係る病院または診療所が次に掲げる要件に該当すると認めるときは、ⅰの指定をすることができるものとすること（113条３項関係）

ⅰ）ⅱの労働時間短縮計画の案が、当該病院または診療所に勤務する医師その他関係者の意見を聴いて作成されたものであることその他の厚生労働省令で定める要件を満たすものであること。

ⅱ）**ウ**のⅰの面接指導並びに**ス**のⅰおよびⅲの休息時間の確保を行うことができる体制が整備されていること。

ⅲ）労働に関する法律の規定であって政令で定めるものの違反に関し、法律に基づく処分、公表その他の措置が講じられた事実であって厚生労働省令で定めるものがないこと。

ⅳ　都道府県知事は、ⅰの指定をするに当たっては、**イ**のⅱにより通知を受けた**イ**のⅰの医療機関勤務環境評価センターによる評価の結果を踏まえなければならないものとし、あらかじめ、都道府県医療審議会の意見を聴かなければならないものとすること（113条４項および５項関係）

ⅴ　都道府県知事は、ⅰの指定をしたときは、その旨を公示しなけ

ればならないものとすること（113条６項関係）

キ　連携型特定地域医療提供機関（連携Ｂ水準）

ｉ　都道府県知事は、他の病院または診療所に厚生労働省令で定めるところにより医師の派遣（医療提供体制の確保のために必要と認められるものに限る）を行うことによって当該派遣をされる医師の労働時間がやむを得ず長時間となる病院または診療所を、当該病院または診療所の開設者の申請により、連携型特定地域医療提供機関として指定することができるものとすること（118条１項関係）

ⅱ　カのⅱからⅴまでの規定は、連携型特定地域医療提供機関について準用すること（118条２項関係）

ク　技能向上集中研修機関（Ｃ－１水準）

ｉ　都道府県知事は、次のいずれかに該当する病院または診療所であって、それぞれ次に掲げる医師をやむを得ず長時間従事させる必要がある業務として厚生労働省令で定めるものがあると認められるものを、当該病院または診療所の開設者の申請により、技能向上集中研修機関として指定することができるものとすること（119条１項関係）

ｉ）医師法第16条の２第１項の都道府県知事の指定する病院
　同項の臨床研修を受ける医師

ⅱ）医師法第16条の11第１項の研修を行う病院または診療所
　当該研修を受ける医師

ⅱ　カのⅱからⅴまでの規定は、技能向上集中研修機関について準用すること（119条２項関係）

ケ　特定高度技能研修機関（Ｃ－２水準）

ｉ　都道府県知事は、特定分野（医療の分野のうち高度な技能を有する医師を育成することが公益上特に必要と認められるものとして厚生労働大臣が公示したものをいう）における高度な技能を有する医師を育成するために、当該技能の修得のための研修を行う病院または診療所であって、当該研修を受ける医師（当該研修を受けることが適当と認められる者として厚生労働省令で定める要件に該当する者に限る）をやむを得ず長時間従事させる必要がある業務として厚生労働省令で定めるものがあると認められるもの（当該研修を効率的に行う能力を有することについて厚生労働大臣の確認を受けたものに限る）を、当該病院または診療所の開設者の申請により、特定高度技能研修機関として指定することができるものとすること（120条１項関係）

ⅱ　**カ**のⅱからⅴまでの規定は、特定高度技能研修機関について準用すること（120条２項関係）

ⅲ　厚生労働大臣は、ⅰの確認に係る事務の全部または一部を、厚生労働省令で定める者に委託することができるものとすること（121条２項関係）

コ　労働時間短縮計画

ⅰ　特定地域医療提供機関、連携型特定地域医療提供機関、技能向上集中研修機関および特定高度技能研修機関（以下「特定労務管理対象機関」と総称する）の管理者は、指定を受けた後、遅滞なく、労働時間短縮計画を定めなければならないものとすること（114条、118条２項、119条２項および120条２項関係）

ⅱ　特定労務管理対象機関の管理者は、労働時間短縮計画に基づき、医師の労働時間の短縮のための取組を実施しなければならないものとすること（122条１項関係）

ⅲ　特定労務管理対象機関の管理者は、３年を超えない範囲内で厚生労働省令で定める期間ごとに、当該特定労務管理対象機関に勤務する医師その他関係者の意見を聴いたうえで、労働時間短縮計画の見直しのための検討を行い、必要があると認めるときは、労働時間短縮計画の変更をするとともに、変更後の労働時間短縮計画を都道府県知事に提出しなければならないものとすること（122条２項関係）

iv　特定労務管理対象機関の管理者は、iiiの見直しのための検討を行った結果、変更の必要がないと認めるときは、その旨を都道府県知事に届け出なければならないものとすること（122条３項関係）

サ　指定の有効期間

特定労務管理対象機関の指定は、３年ごとにその更新を受けなければ、その期間の経過によって、その効力を失うものとすること（115条１項、118条２項、119条２項および120条２項関係）

シ　指定の取消し

都道府県知事は、特定労務管理対象機関がその要件を欠くに至ったと認められるときまたは特定労務管理対象機関の開設者が**オ**もしくは**ス**のviiの命令に違反したとき等は、あらかじめ、都道府県医療審議会の意見を聴いたうえで、当該特定労務管理対象機関の指定を取り消すことができるものとすること（117条、118条２項、119条２項および120条２項関係）

ス　休息時間の確保（連続勤務時間制限・勤務間インターバル）

i　特定労務管理対象機関の管理者は、当該特定労務管理対象機関に勤務する医師のうち、その予定されている労働時間の状況（１年の期間に係るものに限る）が厚生労働省令で定める要件に該当する者（以下この**ス**において「特定対象医師」という）に対し、当該特定対象医師ごとに厚生労働省令で定める業務の開始から厚生労働省令で定める時間を経過するまでに、厚生労働省令で定めるところにより、継続した休息時間を確保しなければならないものとすること（123条１項本文関係）

ii　厚生労働省令で定める業務の開始から厚生労働省令で定める時間を経過するまでに、特定対象医師を宿日直勤務に従事させる場合は、iの限りでないものとすること（123条１項ただし書関係）

iii　特定労務管理対象機関の管理者が、厚生労働省令で定めるやむを得ない理由により、iにより確保することとした休息時間（以下このスにおいて「休息予定時間」という）中に特定対象医師を労働させる必要がある場合は、ｉにかかわらず、当該休息予定時間中に当該特定対象医師を労働させることができることとし、この場合においては、厚生労働省令で定めるところにより、当該休息予定時間の終了後に、当該特定対象医師に対し、当該休息予定時間中に労働をさせた時間に相当する時間の休息時間（代償休息）を確保しなければならないものとすること（123条２項関係）

iv　ⅱの場合において、特定労務管理対象機関の管理者は、宿日直勤務中に特定対象医師を労働させたときは、当該宿日直勤務後に、当該特定対象医師に対し、厚生労働省令で定めるところにより、必要な休息時間を確保するよう配慮しなければならないものとすること（123条３項関係）

v　災害その他避けることのできない事由によって、臨時の必要がある場合においては、特定労務管理対象機関の管理者は、その所在地の都道府県知事の許可を受けて、その必要の限度においてｉおよびⅲの休息時間の確保を行わないことができるものとすること（123条４項関係）

vi　特定労務管理対象機関の管理者は、複数の病院または診療所に勤務する医師に係るｉおよびⅲの休息時間を適切に確保するために必要があると認めるときは、当該医師が勤務する他の病院または診療所の管理者に対し、必要な協力を求めることができるものとするとともに、協力を求められた病院または診療所の管理者は、その求めに応ずるよう努めなければならないものとすること（125条関係）

vii　都道府県知事は、特定労務管理対象機関の管理者が、正当な理由がなく、ｉまたはⅲの休息時間の確保を行っていないと認めるときは、当該特定労務管理対象機関の開設者に対し、期限を定めて、その改善に必要な措置をとるべきことを命ずることができるものとすること（126条関係）

◆診療放射線技師法、臨床検査技師等に関する法律、臨床工学技士法および救急救命士法の一部改正

①　診療放射線技師法の一部改正

ア　診療放射線技師の業務に、放射性同位元素（その化合物および放射性同位元素またはその化合物の含有物を含む）を人体内に挿入して行う放射線の人体に対する照射を追加すること（２条２項関係）

イ　診療放射線技師が病院または診療所以外の場所において業務を行うことができる場合として、医師または歯科医師が診察した患者について、その医師または歯科医師の指示を受け、出張して超音波診断装置その他の画像による診断を行うための装置であって厚生労働省令で定めるものを用いた検査を行うときを追加すること（26条２項関係）

②　臨床検査技師等に関する法律の一部改正

臨床検査技師の業務に、採血、検体採取または生理学的検査に関連する行為として厚生労働省令で定めるもの（医師または歯科医師の具体的な指示を受けて行うものに限る）を追加すること（20条の２第１項関係）

③　臨床工学技士法の一部改正

臨床工学技士の業務に、生命維持管理装置を用いた治療において当該治療に関連する医療用の装置の操作（当該医療用の装置の先端部の身体への接続または身体からの除去を含む）として厚生労働省令で定めるもの（医師の具体的な指示を受けて行うものに限る）を行うことを追加すること（37条１項関係）

④　救急救命士法の一部改正

ア　「救急救命処置」の定義について、重度傷病者が病院もしくは診

療所に搬送されるまでの間または病院もしくは診療所に到着し当該病院もしくは診療所に入院するまでの間（当該重度傷病者が入院しない場合は、病院または診療所に到着し当該病院または診療所に滞在している間。以下この④において同じ）に当該重度傷病者に対して行われる気道の確保、心拍の回復その他の処置であって、当該重度傷病者の症状の著しい悪化を防止し、またはその生命の危険を回避するために緊急に必要なものとすること（２条１項関係）

イ　救急救命士が救急用自動車その他の重度傷病者を搬送するためのものであって厚生労働省令で定めるもの以外の場所において業務を行うことができる場合として、重度傷病者が病院または診療所に到着し当該病院または診療所に入院するまでの間において救急救命処置を行うことが必要と認められる場合を追加すること（44条２項関係）

ウ　病院または診療所に勤務する救急救命士は、重度傷病者が当該病院または診療所に到着し当該病院または診療所に入院するまでの間において救急救命処置を行おうとするときは、あらかじめ、厚生労働省令で定めるところにより、当該病院または診療所の管理者が実施する医師その他の医療従事者との緊密な連携の促進に関する事項その他の重度傷病者が当該病院または診療所に到着し当該病院または診療所に入院するまでの間において救急救命士が救急救命処置を行うために必要な事項として厚生労働省令で定める事項に関する研修を受けなければならないものとすること（44条３項関係）

⑤　その他所要の改正を行うこと

※　医師から他業種へのタスクシフト・シェアについては、上記のほか、政省令改正によって対応されたものもあります（**図21**）。

■図21　法令改正を行いタスク・シフト／シェアを推進するもの

◆法令改正が必要なもののうち、検討会で合意が得られたもの
✓法律事項については、医師の働き方改革関連法案としての提出を目指す
✓政省令事項については、順次改正

静脈路の確保とそれに関連する業務〈診療放射線技師・臨床検査技師・臨床工学技士〉

診療放射線技師	造影剤を使用した検査やRI検査のために、静脈路を確保する行為	政令事項・法律事項
	RI検査医薬品を注入するための装置を接続し、当該装置を操作する行為	法律事項
	RI検査医薬品の投与が終了した後に抜針及び止血する行為	法律事項
臨床検査技師	採血に伴い静脈路を確保し、電解質輸液（ヘパリン加生理食塩水を含む。）に接続する行為	法律事項
臨床工学技士	手術室等で生命維持管理装置を使用して行う治療において、	
	当該装置や輸液ポンプ・シリンジポンプに接続するために静脈路を確保し、それらに接続する行為	法律事項
	輸液ポンプやシリンジポンプを用いて薬剤（手術室等で使用する薬剤に限る。）を投与する行為	法律事項
	当該装置や輸液ポンプ・シリンジポンプに接続された静脈路を抜針及び止血する行為	法律事項

診療放射線技師

動脈路に造影剤注入装置を接続する行為（動脈路確保のためのものを除く。）、動脈に造影剤を投与するために当該造影剤注入装置を操作する行為	省令事項
下部消化管検査（CTコロノグラフィ検査を含む。）のため、注入した造影剤及び空気を吸引する行為	省令事項
上部消化管検査のために挿入した鼻腔カテーテルから造影剤を注入する行為、当該造影剤の投与が終了した後に鼻腔カテーテルを抜去する行為	省令事項
医師又は歯科医師が診察した患者について、その医師又は歯科医師の指示を受け、病院又は診療所以外の場所に出張して行う超音波検査	法律事項

臨床検査技師

直腸肛門機能検査（バルーン及びトランスデューサーの挿入（バルーンへの空気の注入を含む。）並びに抜去を含む。）	省令事項
持続皮下グルコース検査（当該検査を行うための機器の装着及び脱着を含む。）	省令事項
運動誘発電位検査・体性感覚誘発電位検査に係る電極（針電極を含む。）の装着及び脱着	省令事項
検査のために、経口、経鼻又は気管カニューレ内部から喀痰を吸引して採取する行為	政令事項
消化管内視鏡検査・治療において、医師の立会いの下、生検鉗子を用いて消化管から組織検体を採取する行為	政令事項
静脈路を確保し、成分採血のための装置を接続する行為、成分採血装置を操作する行為、終了後に抜針及び止血する行為	法律事項
超音波検査に関連する行為として、静脈路を確保して、造影剤を接続し、注入する行為、当該造影剤の投与が終了した後に抜針及び止血する行為	法律事項

臨床工学技士

血液浄化装置の穿刺針その他の先端部の動脈表在化及び静脈への接続又は動脈表在化及び静脈からの除去	政令事項
心・血管カテーテル治療において、生命維持管理装置を使用して行う治療に関連する業務として、身体に電気的負荷を与えるために、当該負荷装置を操作する行為	法律事項
手術室で行う鏡視下手術において、体内に挿入されている内視鏡用ビデオカメラを保持する行為、術野視野を確保するために内視鏡用ビデオカメラを操作する行為	法律事項

救急救命士

現行法上、医療機関に搬送されるまでの間（病院前）に重度傷病者に対して実施可能な救急救命処置について、救急外来※においても実施可能とする。	法律事項

※救急外来とは、救急診療を要する傷病者が来院してから入院（病棟）に移行するまで（入院しない場合は、帰宅するまで）に必要な診察・検査・処置等を提供される場のことを指す。

出典：第78回社会保障審議会医療部会参考資料１、令和３年２月８日。

⑶　医師の労働時間短縮等に関する指針（令和４年厚生労働省告示第７号）

令和４年１月19日、「医師の労働時間短縮等に関する指針（令和４年厚生労働省告示第７号）」が公布され、同年２月１日から適用されることになりました。その概要は、次のとおりです（全文は、巻末資料５に掲載）。

①　基本的考え方

○我が国の医療は医師の自己犠牲的な長時間労働により支えられており、危機的な状況にあるという現状認識を共有することが必要である。医師の健康を確保することは、医師本人にとってはもとより、今後も良質かつ適切な医療を提供する体制を維持していく上での喫緊の課題である。

○同時に、医師の働き方改革は、医師の偏在を含む地域医療提供体制の改革と一体的に進めなければ、長時間労働の本質的な解消を図ることはできない。

○このため、行政、医療機関、医療従事者、医療の受け手等のすべての関係者が一丸となって、改革を進めるために不断の取組を重ねていく必要がある。

②　医師の時間外労働短縮目標ライン

○2035年度末を目標に地域医療確保暫定特例水準を解消することとしているが、地域医療確保暫定特例水準の対象医療機関の実態をなるべくＡ水準対象医療機関に近づけていきやすくなるよう、「医師の時間外労働短縮目標ライン」を国として設定する。

○各医療機関は、短縮目標ラインを目安にしつつ、地域医療への影響も踏まえながら労働時間短縮に取り組むこととする。

③　各関係者が取り組むべき推奨事項

○医師の労働時間の短縮のためには、個々の医療機関における取組だけでなく、地域の医療提供体制の観点からの都道府県における取組や、国も含めた関係機関における取組・支援のほか、国民の医療のかかり方など、様々な立場からの取組が不可欠である。

○一方、各取組については地域の実情等に応じて進める必要があり、一律の義務付けに馴染まない側面がある。

○このため、各関係者における取組を促進するために、長時間労働の医師の労働時間を短縮し、健康を確保するために、各関係者が取り組むべき推奨事項を示す。

3　令和６年４月までの工程表

図22が、医師の時間外労働の上限規制が始まる令和６年（2024年）４月に向けたスケジュールです。ここでの重要なポイントは、令和６年４月以降は、すべての医療機関で診療に従事する医師は、年間960時間または1,860時間を超えて時間外・休日労働ができなくなるということで、これに違反すれば、法人に罰則（６か月以下の懲役または30万円以下の罰金）が適用される可能性があります。

したがって、各医療機関は、診療に従事する医師の労働時間の実態を正確に把握して、もし年間960時間または1,860時間を超えて時間外・休日労働をしている医師がいる場合には、令和６年３月末までに、上限時間の範囲内に時間外・休日労働を短縮させる必要があります。

そして、仮にＢ・連携Ｂ・Ｃ－１・Ｃ－２の特例水準を受けようとする場合には、令和６年４月以降の医師の労働時間短縮計画案を作成し、令和４年度以降、第三者機関である医療機関勤務環境評価センターによる労働時間の実績や労働時間短縮の取組状況の評価を受けたうえで、各都道府県に指定申請をする必要があります。

また、Ｃ－１水準については、臨床研修・専門研修プログラムにおける時間外労働時間数を明示する必要があり、Ｃ－２水準については、新たに設けられる審査組織によって、医療機関における特定の高度な技能の教育研修環境が審査されます。

いずれにしても、各都道府県において特例水準の指定申請を行う医療機関が殺到することが予想され、令和６年４月までに指定手続が間に合わないと、年間960時間を超えて時間外・休日労働ができなくなりますので、各医療機関においては、令和４年度に医療機関勤務環境評価センターが発足したら直ちに医師労働時間短縮計画案を提出できるよう、できる限り早く準備を進める必要があります。

図23は、令和６年４月までの各医療機関の取組を表したものです。令和６年４月の時間外労働の上限規制の適用までに、各医療機関は自らの状況を適切に分析し、労働時間短縮に計画的に取り組むことが必要です。

各医療機関は、地域医療提供体制を確保するために必要な機能を精査したうえで、まず、ステップ１として、医師の時間外労働時間の実態を的確に把握することが必要です。そして、ステップ２として、自施設に適用される上限がどれになるかの検討をします。

例えば、一番左にあるように、診療に従事する医師の年間の時間外・休日労働時間数が400～1,000時間の間でばらつきがある医療機関で、医療機能がＢ水準の要件を満たさない場合には、すべての医師の時間外・休日労働が年間960時間を下回るように労働時間を短縮させなければなりません。

中央にあるように、年間の時間外・休日労働時間数が1,200～1,400時間の医師が多い医療機関は、医療機能がＢ水準の要件を満たす場合であっても、できる限りすべての医師の時間外・休日労働が年間960時間を下回るように労働時間を短縮させるように努力すべきではないでしょうか。

一番右にあるように、医師の年間の時間外・休日労働時間数が600～2,200時間の間でばらつきがある医療機関で、医療機能がＢ水準の要件を満たす場合には、極めて長時間の労働をしている医師の年間の時間外・休日労働時間数を必ず1,860時間以内にする必要があり、どうしても960時間以内に短縮できないときには、都道府県に対しＢ水準の適用を申請することになります。

いずれにしても、各医療機関において、早急に医師の労働時間を的確に把握し、どの医師の時間外・休日労働時間をどの程度短くしなければならないのか、その「短縮幅」を見極める必要があります。

■図22　2024年４月に向けたスケジュール

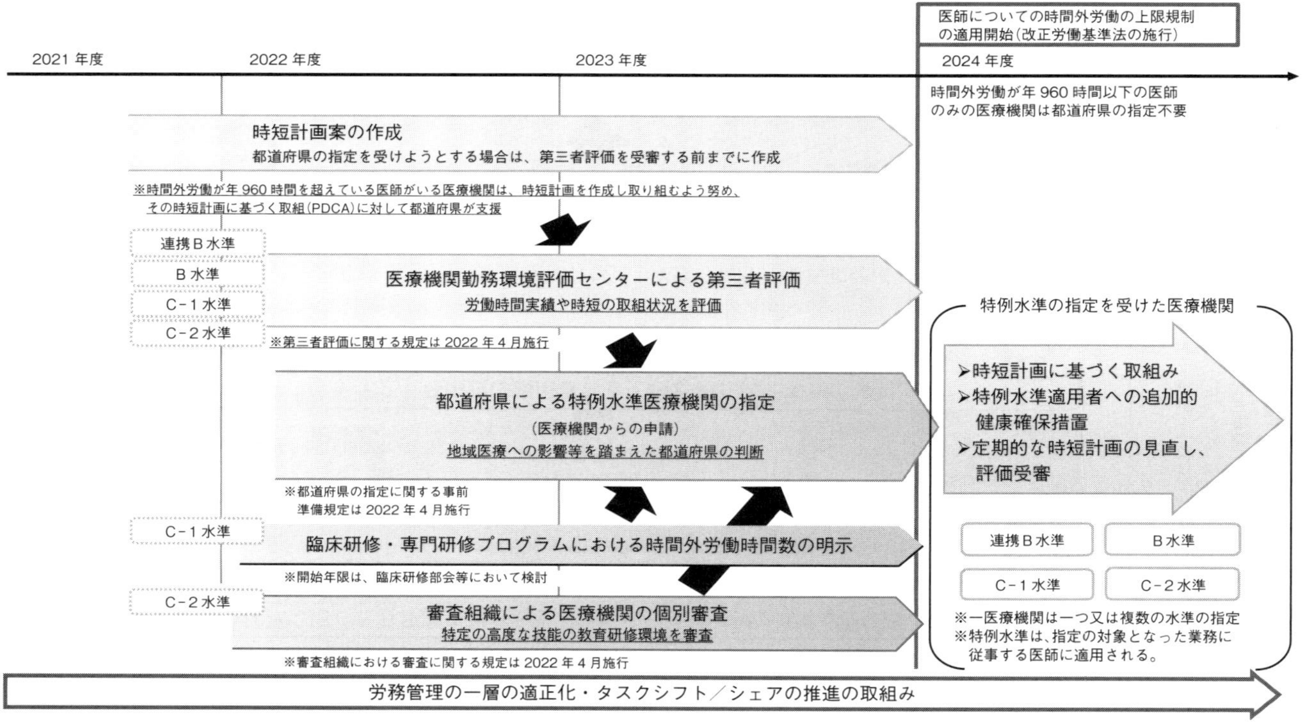

出典：令和３年度 都道府県医療勤務環境改善担当課長会議資料、令和３年６月９日。

■図23　上限規制適用までの５年間における医療機関の動き

□2024 年４月の時間外労働の上限規制適用までの５年間において、各医療機関は自らの状況を適切に分析し、労働時間短縮に計画的に取り組むことが必要。

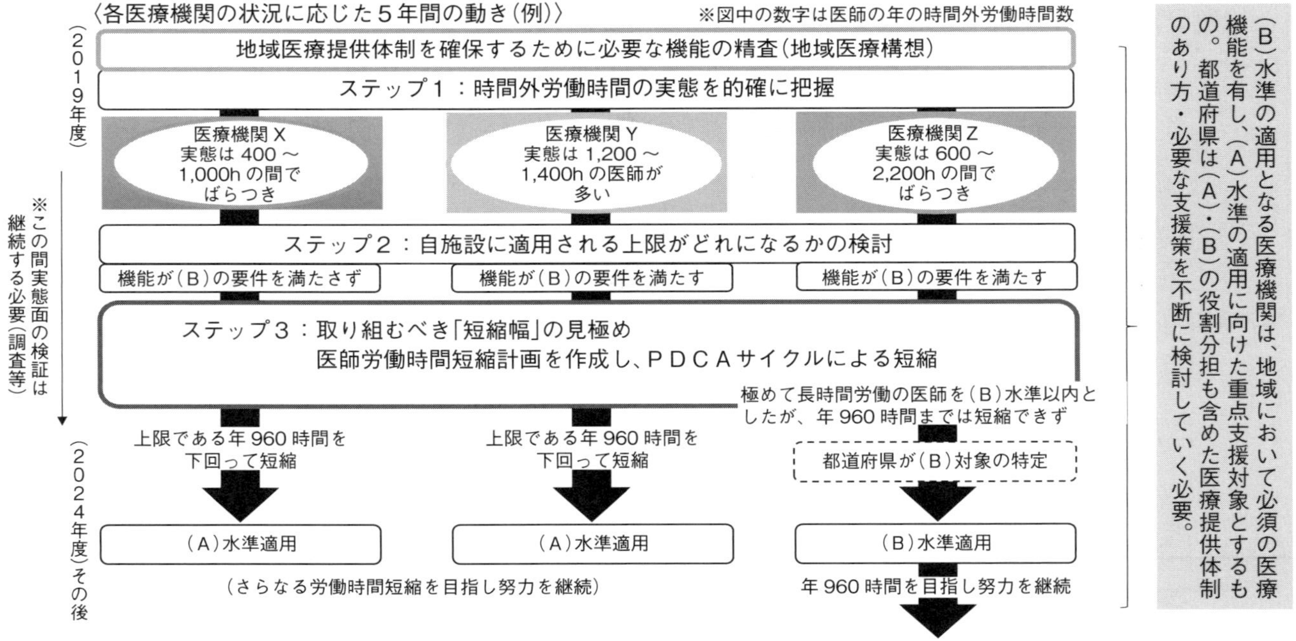

出典：第１回医師の働き方改革の推進に関する検討会資料３、令和元年７月５日。

第3章

医師の労働時間の把握

1　適切な労務管理のために把握すべきこと

医師の労働時間については、実態を正確に把握していく必要があります。医師の適切な労務管理のために把握すべきことは、次のとおりです。

○Ｂ・連携Ｂ・Ｃ－１・Ｃ－２水準の検討、36協定の適切な締結も含めた労働基準法の遵守のために必要な項目

・主たる勤務先での労働時間

・副業・兼業先での労働時間（医師の自己申告で把握）

・労働時間に該当する診療外業務の時間（研鑽、研究、教育等）

・「宿日直中」（主たる勤務先および副業・兼業先を含む）の労働状況

・副業・兼業先の宿日直許可の有無

○休息の確保状況の把握のために必要な項目（Ｂ・連携Ｂ・Ｃ－１・Ｃ－２水準対象医療機関においては、追加的健康確保措置の実施記録を残す意味でも必要となります）

・連続勤務時間

・勤務間インターバルの時間

○医師の労働時間短縮・勤務環境改善のために把握すべき項目

・休日（暦日で24時間連続して勤務から解放されている日）の有無

・効率化や削減が可能な業務の時間

・タスクシフト・タスクシェアが可能な業務の時間

2　現状を確認するポイント

医師の労働時間の把握においては、特に次に掲げる点に留意して、現状を確認する必要があります。

①　副業・兼業先

○副業・兼業先の労働時間をあらかじめ把握する仕組みとするとともに、労働時間の実績を少なくとも月に1回は把握する仕組みがある。

○副業・兼業先の労働時間を含めた勤務計画となっている。

②　宿日直

○「宿日直許可のある宿日直」と「宿日直許可のない宿日直」を区別して管理し、労働時間として正しい把握を行っている。

○副業・兼業先の労働時間を含めた勤務計画となっている（副業・兼業先の宿日直許可の状況も把握し、時間を含めていればよい）。

○宿日直の時間の適切な取扱いを行ったうえでの勤務計画となっている。

③　研鑽

○医療機関において自己研鑽のルールを定めている。

○労働ではない時間（主に自己研鑽）を把握することができる。

○医師に対して、勤怠管理や当人が実施すべき内容（就業開始、退勤時刻の申告、時間外勤務の自己研鑽部分のルール確認等）について、少なくとも年に1回周知されている。

3　医師の勤務実態の調査・分析方法

医師の勤務実態の調査･分析方法については､厚生労働省から「医師の勤務実態把握マニュアル（第13回医師の働き方改革の推進に関する検討会参考資料１－３（令和３年８月４日））」が示されていますので、その概要を次に説明します。なお、このマニュアルに基づく集計用エクセルについては公開されており、各都道府県の医療勤務環境改善支援センターに問い合わせれば入手できます。

⑴　調査方法

医師の勤務実態の調査期間については、本来、１か月、半年とある程度の期間とすることが望ましいですが、医師への負担、分析にかかる労力等を考えると非現実的です。

そこで、祝日等がない標準的な１週間で調査を実施し、そのデータを基に検討します。**図24**が調査票で、医師に自己申告していただくものですが、その記入方法は、

①まず、医師が「どういった業務をしていたのか」を項目別に30分区切りで矢印を記入する

②また、主たる勤務先での業務だけでなく、副業・兼業先での業務の状況も記入する

という点がポイントとなります。

調査項目は、次のとおりです。診療業務、診療外業務の内訳は詳細であればあるほど、労働時間短縮・勤務環境改善の検討に効果的ですが、医師の記入にかかる負担、医療機関の分析にかかる労力等を考慮し、医療機関ごとに適切な項目を設定するのがよいとされています。

■図24　医師の勤務実態　調査票

集計用ID	氏名	性別	医籍登録年	主たる勤務先	診療科	大学院生か否か		職位	時短勤務	勤務形態	固定勤務時間
入力用(1)						□ 大学院生	□ 大学院生以外				～

　　/　　/　（　）

主たる勤務先での勤務予定　（ □ あり　□ なし ）⇦どちらかに「✓」（事前に予定されていない業務のために勤務した場合は、「なし」としてください。）

副業・兼業先での勤務予定　（ □ あり　□ なし ）⇦どちらかに「✓」（事前に予定されていない業務のために勤務した場合は、「なし」としてください。）

1日目			6:00	7:00	8:00	9:00	10:00	11:00	12:00	13:00	14:00	15:00	16:00	17:00	18:00	19:00	20:00	21:00	22:00	23:00	0:00	1:00	2:00	3:00	4:00	5:00	6:00
主たる勤務先での勤務	診療業務	外来																									
		病棟																									
		在宅																									
		手術・検査・処置																									
		その他の診療業務																									
	診療外業務	研究																									
		教育																									
		研鑽																									
		その他の診療外業務																									
		診療外業務のうち、指示無																									
	宿直・日直																										
	宅直・オンコール																										

			6:00	7:00	8:00	9:00	10:00	11:00	12:00	13:00	14:00	15:00	16:00	17:00	18:00	19:00	20:00	21:00	22:00	23:00	0:00	1:00	2:00	3:00	4:00	5:00	6:00
副業・兼業先での勤務	移動時間																										
	診療業務	外来																									
		病棟																									
		在宅																									
		手術・検査・処置																									
		その他の診療業務																									
	診療外業務	研究																									
		教育																									
		研鑽																									
		その他の診療外業務																									
		診療外業務のうち、指示無																									
	宿直・日直																										
	宅直・オンコール																										

出典：医師の勤務実態把握マニュアル（令和２年度厚生労働行政推進調査事業費補助金（厚生労働科学特別研究事業））。

【業務内容の項目と定義】

◆**診療業務**

・**外来**：外来で行う診察やそれに伴う軽微な検査・処置、説明等およびその準備に費やした時間。

・**病棟**：病棟で行う診察やそれに伴う軽微な検査・処置、説明等およびその準備に費やした時間。

・**在宅**：在宅で行う診察やそれに伴う軽微な検査・処置、説明等および在宅診療のための移動や準備に費やした時間。

・**手術・検査・処置**：手術・検査・処置およびその準備や後片付け等に費やした時間。外来、病棟、在宅で行う軽微なものを除く。

・**その他の診療業務**：診療のために行った事務作業やカンファレンスの時間、診療のための調査や学習の時間。

◆**診療外業務**

・**研究**：実験や調査、論文執筆等に費やした時間。また、研究に伴う事務作業やカンファレンスの時間。

・**教育**：医学部等学生・研修医・看護師等コメディカル職種・事務職員への教育やその準備に費やした時間。

・**研鑽**：学習（例：医学雑誌や医学書に目を通す）や研修（例：講習会・講演会・説明会等への参加）のために費やした時間。

・**その他の診療外業務**：会議・管理業務（診療業務に直接関係のない会議や委員会への参加、経営・人事等に関する業務）や学校医・産業医等の地域医療活動、講演などに費やした時間。

●**宿直・日直**

通常の勤務時間とは別に、院内に待機して応急患者に対して診療等の対応を行う勤務で、労働基準監督署の宿日直許可の有無を問わない（なお、宿直は通常の勤務終了後の夜間の勤務帯に行うものを指す）。

●**宅直・オンコール**

通常の勤務時間とは別に、院外に待機して応急患者に対して診療等の対応を行う勤務で、所属する診療科等で呼び出しに備えて当番制で行うもの。

◆副業・兼業先での勤務

主たる勤務先を退勤後、または主たる勤務先で勤務せずその他の医療機関で勤務した場合には、その時間を勤務の種別ごとに矢印で記入します。

●移動時間

自宅や主たる勤務先から副業・兼業先へ移動するための移動時間もしくは副業・兼業先から自宅や主たる勤務先へ移動するための移動時間について、記入します（自宅と主たる勤務先の間の移動時間については、記入不要）。

★留意点

ア　宿直・日直時は**図25**のとおり、宿直・日直時間に矢印を引き、あわせて宿直・日直中に行った業務にも矢印を記入します。これにより、宿日直中の労働時間の把握、および宿日直中の勤務実態を踏まえた宿日直許可の取得を目指すかどうかの検討を行います。

イ　研究、教育、研鑽等の診療外業務を行った場合で、上司による指示がない場合は**図26**のとおり、「診療外業務のうち、指示無」にもあわせて矢印を記入してもらい、これにより、診療外業務に含まれる「自己研鑽」の時間を把握します。

※　現在、出勤簿、ICカードを使った勤怠管理システム、位置情報を使った管理システム等様々な方法で医師の労働時間を管理されている医療機関が多いようです。また、「出勤」、「退勤」、「自己申告による時間外労働時間」に関しては把握されているかと思われます。したがって、それらのデータや情報も合わせて確認することができれば、より現状に近い形での実態把握が可能かと考えられます。

■図25　宿直・日直時

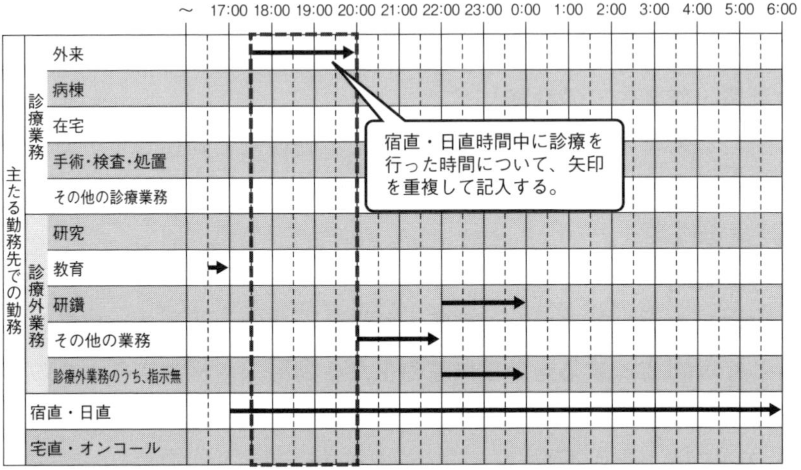

■図26　上司等から指示がない場合

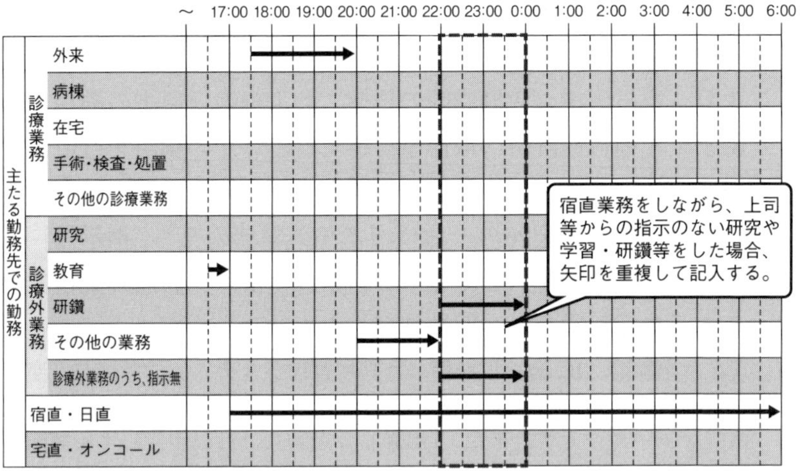

出典：医師の勤務実態把握マニュアル（令和２年度厚生労働行政推進調査事業費補助金（厚生労働科学特別研究事業））。

⑵　集計方法

調査票で記載された勤務実態について、次のように集計を行います。

【労働時間とする必要があるもの】

・診療業務

・指示無として記載された時間を除いた診療外業務

【労働時間とする必要がないもの】

・指示無として記載された診療外業務

・副業・兼業先への移動時間、副業・兼業先からの移動時間

・オンコール中の業務を行っていない時間

・大学院生の研究

【労働時間と取り扱うか、扱わないか２とおりの検討を推奨するもの】

・宿日直中の通常の勤務時間と同態様の業務（医師が突発的な事故による応急患者の診療または入院、患者の死亡、出産等に対応する時間など）を行っていない時間（待機時間）

※　宿日直許可の有無によって、労働時間として取り扱うべきか否かが異なります。

⑶　分析方法

①　調査においては、「１週間」の医師の実際の働き方を自己申告する形となっています。繁忙期、閑散期等があると思いますが、まずはこの１週間を基に１年間（48週[※1]）の労働時間を推計して検討を行います。

※１　祝日等のない標準的な１週間の調査結果から１年の労働時間を推計しますが、年間で祝日が16日あることやその他の休暇（年末年始等）があることを考慮して、１年を48週として推計します。

１週間を年間に換算した場合、検討の基準となる時間は、次のと

おりです。

○Ａ水準の上限である時間外・休日労働年960時間

総労働時間週60時間（法定労働時間40時間＋時間外・休日労働20時間）

○Ｂ・連携Ｂ・Ｃ－１・Ｃ－２水準の上限である時間外・休日労働年1,860時間

総労働時間週80時間※2（法定労働時間40時間＋時間外・休日労働40時間）

※２　１年を48週とした場合、総労働時間週78時間45分（法定労働時間40時間＋時間外・休日労働38時間45分）で時間外・休日労働年1,860時間となりますが、ここでは近似値として総労働時間週80時間を基準としています。

ただし、時間外労働時間の算出は、正確には１日単位で８時間を超えた時間、週単位で40時間を超えた時間として算出します。また、法定休日（週１回または４週に４日）に労働した時間は休日労働として取り扱う必要があります。

■図27　医師の労働時間と水準

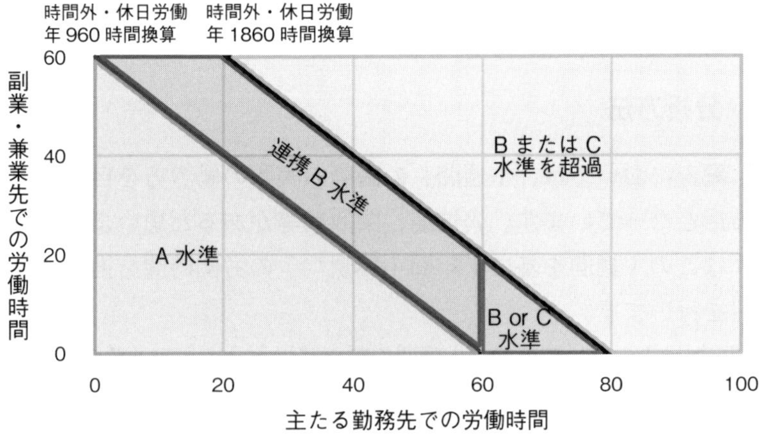

出典：医師の勤務実態把握マニュアル（令和２年度厚生労働行政推進調査事業費補助金（厚生労働科学特別研究事業））。

② 次に、各医師について、当該１週間の勤務実態を参考にどの水準に相当するのかを確認します。

図27は、横軸が医師の１週間の主たる勤務先での労働時間を示し、縦軸は副業・兼業先での１週間の労働時間を示しています。

副業・兼業先の労働時間を含めて、医師の１週間の労働時間を把握し、このグラフにプロットしたときに、どのゾーンに入るかによって、その医師の労働時間の「短縮幅」が確認できるというわけです。例えば、「ＢまたはＣ水準を超過」というゾーンに入っている医師については、主たる勤務先での労働時間または副業・兼業先での労働時間をどの程度短縮させれば、連携Ｂ水準またはＢもしくはＣ水準の範囲内におさまるかが確認できます。

いずれにしても、医師の勤務実態を把握するときには、副業・兼業先の労働時間も忘れずに把握することが必要です。

③ 以上のような方法で把握した医師の勤務実態に関するデータをもとに、次の点について把握し、実際の対応について検討していくことが可能となります。

○各医師にどの水準を適用していくのか（医療機関としてどの水準の指定を受けるのか）。

○Ｂ・連携Ｂ・Ｃ－１・Ｃ－２水準を適用する場合、追加的健康確保措置をどのように行っていくのか。

○時間外・休日労働が年1,860時間を超えている医師がいる場合、年1,860時間を超えるのはなぜなのか。

○時間外・休日労働が年1,860時間を超えている医師について、時間外・休日労働を年1,860時間以内にするにはどのようにアプローチしていくのか。

しかしながら、調査票の集計・分析結果から得られる情報には限界があり、結果を踏まえて医師に詳細をヒアリングすることで、より具体的に課題を認識し、実効的な方策を検討することができます。

例えば、宿日直中の診療業務の時間の割合が低い場合については、医師の意識としてもいわゆる「寝当直」であるか、または今後「寝当直」と考えられる体制に移行できそうかの確認等を行うことで許可取得の可能性の判断につながります。

また、負担の大きい業務や他職種にタスク・シフト／シェアが可能と思われる業務を確認することで、今後の業務改善やタスク・シフト／シェアについて具体的に検討することができます。

第4章

宿日直の取扱い

1　労働基準法上の労働時間の考え方

まず、一般的な労働時間の判断基準については、厚生労働省から「労働時間の適正な把握のために使用者が講ずべき措置に関するガイドライン（平成29年1月20日策定）」が示されています。

このガイドラインによると、労働時間とは、使用者の指揮命令下に置かれている時間のことをいい、使用者の明示または黙示の指示により労働者が業務に従事する時間は労働時間に当たります。

そのため、次の①から③のような時間は、労働時間として扱わなければなりません。

①　使用者の指示により、就業を命じられた業務に必要な準備行為（着用を義務付けられた所定の服装への着替え等）や業務終了後の業務に関連した後始末（清掃等）を事業場内において行った時間

②　使用者の指示があった場合には即時に業務に従事することを求められており、労働から離れることが保障されていない状態で待機等している時間（いわゆる「手待時間」）

③　参加することが業務上義務づけられている研修・教育訓練の受講や、使用者の指示により業務に必要な学習等を行っていた時間

ただし、これら以外の時間についても、使用者の指揮命令下に置かれていると評価される時間については労働時間として取り扱うこととなります。

なお、労働時間に該当するか否かは、労働契約、就業規則、労働協約等の定めのいかんによらず、労働者の行為が使用者の指揮命令下に置かれたものと評価することができるか否かにより客観的に決められます。

また、客観的に見て使用者の指揮命令下に置かれていると評価さ

れるかどうかは、労働者の行為が使用者から義務づけられ、またはこれを余儀なくされていた等の状況の有無等から、個別具体的に判断されます。

図28は、聖路加国際病院の事例を元に厚生労働省医政局において作成した資料に基づき、医師の労働時間に該当するものと、しないものの分類例を整理したものです。

労働時間に該当するものとしては、診療に関するもの、会議・打合せのほか、研究・講演その他については、上長の命令に基づくかどうかがポイントとなっています。

労働時間に該当しないものとしては、休憩・休息のほか、自己研鑽や、上長の命令に基づかない研究・講演・その他があげられています。

いずれにしても、各医療機関において、労働時間に該当するものと、しないものをあらかじめ整理して、すべての医師に周知しておくことが重要です。

ここで、オンコールの労働時間としての取扱いについて、見ておきましょう。

オンコール待機中に実際の診療が発生した場合には、当然、当該診療に従事する時間は労働時間に該当します。

しかしながら、オンコール待機時間全体が労働時間に該当するかどうかについては、オンコール待機中に求められる義務態様によって判断する必要があります。

オンコール待機中に求められる義務態様は、医療機関ごと、診療科ごとに様々であり、

・呼び出しの頻度がどの程度か
・呼び出された場合にどの程度迅速に病院に到着することが義務付けられているか
・呼び出しに備えてオンコール待機中の活動がどの程度制限されているか

等を踏まえ、オンコール待機時間全体について、労働から離れることが保障されているかどうかによって判断するものであり、個別具体的に判断されるものです。

裁判例は、個別の実態を踏まえて、労働時間に該当すると認めているもの／認めていないものに分かれています。医師のオンコールについては、奈良県立病院産科医師事件で扱われていますが、この事件では、産科医間の自主的な取組によってオンコールが行われていたと認定されたことから、オンコールについて明示または黙示の業務命令が認められないとされています。

■図28　労働時間に該当するもの／しないもの〈聖路加国際病院の分類例〉

労働時間に該当するもの	
A	診療に関するもの
1	病棟回診
2	予定手術の延長、緊急手術
3	チャーティング
4	サマリー作成
5	外来の準備
6	オーダーチェック
7	診療上必要不可欠な情報収集
B	会議・打合せ
1	必須出席者である会議・委員会
2	参加必須の勉強会・カンファレンス
C	研究・講演その他
1	上長の命令に基づく学会発表の準備
2	上長の命令に基づく外部講演等の準備
3	上長の命令に基づく研究活動・論文執筆

労働時間に該当しないもの	
A	休憩・休息
1	食事
2	睡眠
3	外出
4	インターネットの閲覧
B	自己研鑽
1	自己学習
2	症例見学
3	参加任意の勉強会・カンファレンス
C	研究・講演その他
1	上長の命令に基づかない学会発表の準備
2	上長の命令に基づかない外部講演等の準備
3	上長の命令に基づかない研究活動・論文執筆

出典：第７回医師の働き方改革の推進に関する検討会資料４、令和２年３月11日。

2　医療機関における宿日直許可

労働基準法では、常態としてほとんど労働することがなく、労働時間規制を適用しなくとも必ずしも労働者保護に欠けることのない宿直または日直の勤務で断続的な業務（例えば､いわゆる「寝当直」に当たるような業務）については、労働基準監督署長の許可を受けた場合に労働時間規制を適用除外とすることを定めています（宿日直許可）。

つまり、宿日直の時間を労働時間に含めなくてもよいということです。

ただし､過去に労働基準監督署長の許可を受けていたとしても､現在の勤務実態が許可条件に適合していないと、労働時間に含めて考える必要があります。

(1)　断続的な宿日直の許可基準（一般的許可基準。「労働基準法の施行に関する件（昭和22年９月13日発基第17号労働次官通達）」）

断続的な宿日直の許可基準は次のとおりとなっています。

①　勤務の態様

ア　常態として、ほとんど労働をする必要のない勤務のみを認めるものであり、定時的巡視、緊急の文書または電話の収受、非常事態に備えての待機等を目的とするものに限って許可するものであること。

イ　原則として、通常の労働の継続は許可しないこと。したがって始業または終業時刻に密着した時間帯に、顧客からの電話の収受または盗難・火災防止を行うものについては、許可しないものであること。

② 宿日直手当

宿直勤務１回についての宿直手当または日直勤務１回についての日直手当の最低額は、当該事業場において宿直または日直の勤務に就くことの予定されている同種の労働者に対して支払われている賃金の１人１日平均額の３分の１以上であること。

③ 宿日直の回数

許可の対象となる宿直または日直の勤務回数については、宿直勤務については週１回、日直勤務については月１回を限度とすること。ただし、当該事業場に勤務する18歳以上の者で法律上宿直または日直を行い得るすべてのものに宿直または日直をさせてもなお不足であり、かつ勤務の労働密度が薄い場合には、宿直または日直業務の実態に応じて週１回を超える宿直、月１回を超える日直についても許可して差し支えないこと。

④ その他

宿直勤務については、相当の睡眠設備の設置を条件とするものであること。

⑵ 断続的な宿日直の許可基準（医師、看護師等の場合。「医師、看護師等の宿日直許可基準について（令和元年７月１日基発0701第８号労働基準局長通達（巻末資料６））」）

医師等の宿日直勤務については、⑴の一般的な許可基準に関してより具体的な判断基準が示されており、次のすべてを満たす場合には、許可を与えるよう取り扱うこととされています。

① 通常の勤務時間の拘束から完全に解放された後のものであるこ

と（通常の勤務時間が終了していたとしても、通常の勤務態様が継続している間は宿日直の許可の対象にならない）。

② 宿日直中に従事する業務は、⑴の一般の宿直業務以外には、特殊の措置を必要としない軽度のまたは短時間の業務に限ること。例えば次の業務等をいう。

・医師が、少数の要注意患者の状態の変動に対応するため、問診等による診察等（軽度の処置を含む。以下同じ）や、看護師等に対する指示、確認を行うこと。

・医師が、外来患者の来院が通常予定されない休日・夜間（例えば非輪番日など）において、少数の軽症の外来患者や、かかりつけ患者の状態の変動に対応するため、問診等による診察等や、看護師等に対する指示、確認を行うこと

・看護職員が、外来患者の来院が通常予定されない休日・夜間（例えば非輪番日など）において、少数の軽症の外来患者や、かかりつけ患者の状態の変動に対応するため、問診等を行うことや、医師に対する報告を行うこと。

・看護職員が、病室の定時巡回、患者の状態の変動の医師への報告、少数の要注意患者の定時検脈、検温を行うこと。

③ 宿直の場合は、夜間に十分睡眠が取り得ること。

④ 上記以外に、一般の宿日直許可の際の条件を満たしていること。

※ 宿日直の許可は、所属診療科、職種、時間帯、業務の種類等を限って得ることも可能（深夜の時間帯のみ、病棟宿日直業務のみも可能）。

【宿日直中に通常勤務と同態様の業務が生じてしまう場合】

宿日直中に、通常と同態様の業務（例えば突発的な事故による応急患者の診療または入院、患者の死亡、出産等への対応など）がまれにあり得るとしても、一般的には、常態としてほとんど労働することがない勤務と認められれば、宿日直の許可は可能だとされています（宿直の場合には、夜間に十分な睡眠が取り得るものであることも必要）。

なお、許可を受けた宿日直中に、「通常と同態様の業務」をまれに行った場合、その時間については、本来の賃金（割増賃金が必要な場合は割増賃金も）を支払う必要があります。

(3) 申請から宿日直許可までの流れ

労働基準監督署に宿日直許可の申請を行ってから許可を受けるまでの流れは、おおむね次のとおりです。

① 労働基準監督署に、申請書様式第10号（**図29**）原本２部および添付書類を提出

→ 申請対象である宿日直の勤務実態が、(2)の条件を満たしていることを書面上で確認します。

② 労働基準監督官による実地調査

→ 宿日直業務に実際に従事する医師等へのヒアリングや、仮眠スペースの確認等を、原則として実地で行い、申請時に提出された書類の内容が事実に即したものかの確認を行います。また、勤務実態の確認に必要な期間（個別の申請ごとに異なりますが、おおよそ直近数か月間）の勤務記録の提出を求められます。

③ ①②の結果、許可相当と認められた場合に宿日直許可がなされ、許可書が交付されます。

【申請時に提出が必要な書類例】

宿日直当番表、宿日直日誌や急患日誌等、宿日直中に従事する業務内容、業務内容ごとの対応時間がわかる資料（電子カルテのログや急患日誌等を基に作成）、仮眠室等の待機場所がわかる図面および写真、宿日直勤務者の賃金一覧表、宿日直手当の算出根拠がわかる就業規則等（これらは標準的な例であり、実務上は監督官が調査に必要な範囲で提出を依頼します。）

■図29　断続的な宿直又は日直勤務許可申請書の書き方

断続的な宿直又は日直勤務許可申請書

様式第10号（第23条関係）

事業の種類	事業の名称	事業の所在地

宿直	総　員　数	1回の宿直員数	宿直勤務の開始及び終了時刻	一定期間における1人の宿直回数	1回の宿直手当
	人	人	時　分から 時　分まで		円
	就 寝 設 備				
	勤務の態様				
日直	総　員　数	1回の日直員数	日直勤務の開始及び終了時刻	一定期間における1人の日直回数	1回の日直手当
	人	人	自　時　分から 至　時　分まで		円
	勤務の態様				

このスペースで書き切れない場合は、欄には「別紙の通り」と記入し、別紙を添付することも可能です（他の項目についても同じです）。

年　　月　　日

使用者　職名
　　　　氏名

労働基準監督署長　殿

◎宿日直許可申請にあたっては、申請書に添付する資料も含め、所轄の労働基準監督署にご相談ください。

出典：宿日直関係資料（厚生労働省医政局医事課医師等医療従事者の働き方改革推進室）、令和３年７月19日。

3　許可事例と不許可事例

図30から**図32**までは、医療機関における宿日直の許可事例と不許可事例を紹介していますが、これらの事例は、あくまでも個別の具体的な事例ですので、事例中の態様や数値等との異同のみで、他の事例の許可・不許可が判断されるものではありませんので、ご注意ください。

例えば、**図30**の１つ目の事例ですが、病棟当直で、「特殊の措置を必要としない軽度の又は短時間の業務」として定期的な病棟回診が認められる場合があります。この事例では、宿直勤務で、約30分の定期回診と入院患者の容態急変に備えた病棟管理を行い、病棟管理では診察を要する事案の発生頻度は１日最大５件、平均１件程度（１件約32分）となっています。

２つ目の事例は、救急等でも対象業務が「特殊の措置を必要としない軽度の又は短時間の業務」であれば許可されたものです。最大収容患者数４人のICUにおいて、宿・日直時に

・１日１回、看護師が実施した投薬等の記録をチェックし、主治医の指示どおりの措置がなされていることを確認する「処置確認」（約２分）
・月１回程度、看護師から呼出を受け、急変患者の容態を確認し、主治医又は専門医に連絡を取るか否かの判断のみを行う「呼出対応」（約20分）

程度の業務を行うのみであり、また休日・夜間の急患には夜勤医が対応し、宿日直勤務医による対応がなければ、宿日直許可が認められています。

図31の２つ目の事例では、二次救急病院において、宿直業務とし

て、緊急事態に備えての待機、定期回診、検食が行われていますが、入院患者の急変や死亡対応が月平均３件程度（１件約１時間）ということで、宿日直許可が認められています。

図32は、通常の勤務態様が継続している間は宿日直の許可の対象にならない事例ですが、日直勤務日の14時までは時間外労働として勤務し、14時以降は宿直室に移動して待機、ほぼ毎回、14時以降も患者への治療等が複数回発生（合計約30分～２時間）している事例です。これは、終業時刻に密着して行う短時間の断続的な労働と判断され、宿日直許可が認められませんでした。

このように、医師の宿日直が許可条件に適合するためには、ハードルが極めて高いので、あらためて各医療機関での実態を確認する必要があります。

■図30　医療機関における宿日直許可事例①

(注)以下の事例は、あくまでも個別の具体的な事例であることから、事例中の態様や数値等との異同のみで他の事例の許可・不許可が判断されるものではありません。

病棟当直　【ポイント】「特殊の措置を必要としない軽度の又は短時間の業務」として定期的な病棟回診が認められる場合がある。

救急指定の別	指定なし		
診療科・部門	精神科、心療内科		
病床数	170床	労働者数	150人
対象者数等	勤務医１人、他病院からの受入医８人		
宿日直勤務時間	宿直（週１回）：18時～翌８時45分 日直（月１回）：土13時～ 17時、日祝９時～ 17時		
対象業務	非常事態に備えての待機、定期回診		
労基署の調査概要	過去３か月間の実績を調査。 宿直勤務では、約30分の定期回診と入院患者の容態急変に備えた病棟管理。 回診は、１～３階病室を巡回し、処置の必要な患者は看護師が回診時に案内するが、１回２件程度、発熱診察や転倒等による軽傷処置。 病棟管理では診察を要する事案の発生頻度は１日最大５件、平均１件程度（１件約32分）。		

ICU、救急　【ポイント】救急等でも対象業務が「特殊の措置を必要としない軽度の又は短時間の業務」であれば許可される場合がある。

救急指定の別	二次救急病院		
診療科・部門	内科、小児科、外科、皮膚科、泌尿器科、眼科、耳鼻咽喉科、産婦人科、リハビリテーション科、放射線科、麻酔科、救急診療科、病理診断科、精神科		
病床数	350床	労働者数	900人
対象者数等	勤務医44人		
宿日直勤務時間	宿直（週１回）：18時～翌９時 日直（月１回）：９時～ 18時		
対象業務	ICU（集中治療室）の非常事態に備えての待機、処置確認、呼出対応		
労基署の調査概要	最大収容患者数４人のICUにおいて、 ・１日１回、看護師が実施した投薬等の記録をチェックし、主治医の指示どおりの措置がなされていることを確認する「処置確認」(約２分) ・月１回程度、看護師から呼出を受け、急変患者の容態を確認し、主治医又は専門医に連絡を取るか否かの判断のみを行う「呼出対応」(約20分) 休日・夜間の急患には夜勤医が対応し、宿日直勤務医による対応なし。		

救急指定の別	二次救急病院		
診療科・部門	内科、外科、小児科、リハビリテーション科、麻酔科、耳鼻咽喉科、泌尿器科、眼科、皮膚科		
病床数	300床	労働者数	520人
対象者数等	臨床検査技師８人		
宿日直勤務時間	宿直（週１回）：21時～翌８時30分		
対象業務	非常事態に備えての待機、簡易な検査		
労基署の調査概要	過去４か月間の実績を調査。 通常勤務では血液を対象としたガス検査（酸素や二酸化炭素の分圧測定）や骨密度検査、エコー検査等の各種検査を行う一方、宿直勤務では患者が救急搬送された場合でも血液検査（約20分）、尿検査（約５分）、心電図検査（約５分）、溶連菌等の簡易検査（約５分）のみ。 対応が発生した日も１日２人程度、合計約40分。		

出典：宿日直関係資料（厚生労働省医政局医事課医師等医療従事者の働き方改革推進室）令和３年７月19日。

■図31　医療機関における宿日直許可事例②

（注）以下の事例は、あくまでも個別の具体的な事例であることから、事例中の態様や数値等との異同のみで他の事例の許可・不許可が判断されるものではありません。

ICU、救急　【ポイント】救急等でも対象業務が「特殊の措置を必要としない軽度の又は短時間の業務」であれば許可される場合がある。

<table>
<tr><td>救急指定の別</td><td colspan="3">一次救急病院</td></tr>
<tr><td>診療科・部門</td><td colspan="3">内科、リハビリテーション科、放射線科、皮膚科、整形外科</td></tr>
<tr><td>病床数</td><td>50床</td><td>労働者数</td><td>80人</td></tr>
<tr><td>対象者数等</td><td colspan="3">他病院からの受入医７人</td></tr>
<tr><td>宿日直勤務時間</td><td colspan="3">宿直（週１回）：18時～翌８時30分
日直（月２回）：９時30分～翌８時30分</td></tr>
<tr><td>対象業務</td><td colspan="3">非常事態に備えての待機、診察</td></tr>
<tr><td>労基署の調査概要</td><td colspan="3">過去１か月間の実績を調査。
通常の勤務時間と同態様の業務の発生は、１か月間に６回、
尻もちの診察（約５分）や死亡確認（約10分）等（合計約45分）。
医師２人について、宿直日ごとの間隔が６日以上開いていない週がみられたものの、１か月間の宿直回数は４回以下となっており、また、勤務の労働密度が薄いことから、週１回の限度を満たしているとして許可。
宿日直手当額は、17号通達記２イによることが著しく困難として、賃金構造基本統計調査報告の医師の賃金額から算出した日額の３分の１の額を参考に評価。</td></tr>
</table>

<table>
<tr><td>救急指定の別</td><td colspan="3">二次救急病院</td></tr>
<tr><td>診療科・部門</td><td colspan="3">精神科、神経科、内科、皮膚科、リハビリテーション科、歯科</td></tr>
<tr><td>病床数</td><td>380床</td><td>労働者数</td><td>420人</td></tr>
<tr><td>対象者数等</td><td colspan="3">勤務医18人</td></tr>
<tr><td>宿日直勤務時間</td><td colspan="3">宿直（週１回）：17時15分～翌８時30分</td></tr>
<tr><td>対象業務</td><td colspan="3">緊急事態に備えての待機、定期回診、検食</td></tr>
<tr><td>労基署の調査概要</td><td colspan="3">過去３か月間の実績を調査。
輪番日に最大２人の救急患者を受入。輪番日には医師２人、非輪番日には医師１人が宿直。
病棟を回診し、45人程度の要注意患者を目視確認し、回診結果をデータ入力（約40分）。睡眠中の患者が多く回診時間は僅か。宿直日の夕食（約10分）、朝食（約５分）を検食。
救急患者の受入時の診察等に月平均７件程度。二次救急の輪番日に新規患者の受入の際は約２時間程度要するが、通常の救急外来で通院歴のある患者の受入の際は約１時間。入院患者の急変や死亡対応が月平均３件程度（１件約１時間）。</td></tr>
</table>

許可回数特例　【ポイント】宿日直の回数は、宿日直に従事し得る医師の数等の事情が特例として考慮される場合がある。

<table>
<tr><td>救急指定の別</td><td colspan="3">指定なし</td></tr>
<tr><td>診療科・部門</td><td colspan="3">内科、リハビリテーション科</td></tr>
<tr><td>病床数</td><td>170床</td><td>労働者数</td><td>130人</td></tr>
<tr><td>対象者数等</td><td colspan="3">勤務医２人、他病院からの受入医10人</td></tr>
<tr><td>宿日直勤務時間</td><td colspan="3">宿直（週１回）：17時～翌８時30分
日直（月２回）：土12時30分～ 17時30分、日祝９時～ 17時30分</td></tr>
<tr><td>対象業務</td><td colspan="3">非常事態に備えての待機</td></tr>
<tr><td>労基署の調査概要</td><td colspan="3">過去３か月間の実績を調査。
調査時、宿直と日直の回数はいずれも基準を超えていたが、宿直については週１回以内とすることが可能。日直については、僻地に所在する等の事情から、他の嘱託医の確保が極めて難しく、当該嘱託医の本院での勤務の都合から、土日連続した日直勤務とするほかなく、日直勤務はほぼ待機業務であることから、日直に限り月２回許可。</td></tr>
</table>

出典：宿日直関係資料（厚生労働省医政局医事課医師等医療従事者の働き方改革推進室）令和３年７月19日。

■図32　医療機関における宿日直不許可事例

(注)以下の事例は、あくまでも個別の具体的な事例であることから、事例中の態様や数値等との異同のみで他の事例の許可・不許可が判断されるものではありません。

通常業務との分離　【ポイント】通常の勤務態様が継続している間は宿日直の許可の対象にならない。(※)

救急指定の別	二次救急病院		
診療科・部門	内科、小児科、外科、皮膚科、産婦人科、泌尿器科、眼科、耳鼻咽喉科、歯科、精神科、麻酔科、放射線科、リハビリテーション科、化学療法科、病理診断科		
病床数	340床	労働者数	490人
対象者数等	勤務医29人		
宿日直勤務時間	日直（月１回）：14時～17時		
対象業務	緊急事態に備えての待機、文書又は電話収受等		
労基署の調査概要	過去１か月間の実績を調査。 救急指定病院として月25日程度、救急患者を受入。 日直勤務日の14時までは時間外労働として勤務し、14時以降は宿直室に移動して待機。 ほぼ毎回、14時以降も患者への治療等が複数回発生（合計約30分～２時間）。 終業時刻に密着して行う短時間の断続的な労働と判断		

(※) 始業又は終業時刻に密着して行う短時間（おおむね４時間程度未満）の監視又は断続的な労働は、日直の業務として許可の対象とならない。(昭和43年４月９日付け基収797号)

出典：宿日直関係資料（厚生労働省医政局医事課医師等医療従事者の働き方改革推進室）令和３年７月19日。

第5章

医師の研鑽

1　基本的な考え方

医療機関等に勤務する医師が、診療等その本来業務のかたわら、医師の自らの知識の習得や技能の向上を図るために行う学習、研究等（以下「研鑽」という）については、労働時間に該当しない場合と労働時間に該当する場合があり得ます。

そこで、医師の研鑽に係る労働時間該当性に係る判断の基本的な考え方は次のとおりです（「医師の研鑽に係る労働時間に関する考え方について」（基発0701第９号厚生労働省労働基準局長通達、令和元年７月１日））。

⑴　所定労働時間内の研鑽の取扱い

所定労働時間内において、医師が、使用者に指示された勤務場所（院内等）において研鑽を行う場合については、当該研鑽に係る時間は、当然に労働時間となります。

⑵　所定労働時間外の研鑽の取扱い

所定労働時間外に行う医師の研鑽は、診療等の本来業務と直接の関連性なく、かつ、業務の遂行を指揮命令する職務上の地位にある者（以下「上司」という）の明示・黙示の指示によらずに行われる限り、在院して行う場合であっても、一般的に労働時間に該当しません。

他方、当該研鑽が、上司の明示・黙示の指示により行われるものである場合には、これが所定労働時間外に行われるものであっても、または診療等の本来業務との直接の関連性なく行われるものであっても、一般的に労働時間に該当します。

所定労働時間外において医師が行う研鑽については、在院して行われるものであっても、上司の明示・黙示の指示によらずに自発的に行われるものも少なくないと考えられます。このため、その労働時間該当性の判断が、当該研鑽の実態に応じて適切に行われるよう、また、医療機関等における医師の労働時間管理の実務に資する観点から、研鑽の類型ごとに判断の基本的考え方を整理しておく必要があります。具体的には次項のとおりとなります。

2　研鑽の類型ごとの労働時間該当性の基本的考え方

(1)　一般診療における新たな知識、技能の習得のための学習

①　研鑽の具体的内容

例えば、診療ガイドラインについての勉強、新しい治療法や新薬についての勉強、自らが術者等である手術や処置等についての予習や振り返り、シミュレーターを用いた手技の練習等が考えられます。

②　研鑽の労働時間該当性

業務上必須ではない行為を、自由な意思に基づき、所定労働時間外に、自ら申し出て、上司の明示・黙示による指示なく行う時間については、在院して行う場合であっても、一般的に労働時間に該当しないと考えられます。

ただし、診療の準備または診療に伴う後処理として不可欠なものは、労働時間に該当します。

(2)　博士の学位を取得するための研究および論文作成や、専門医を取得するための症例研究や論文作成

①　研鑽の具体的内容

例えば、学会や外部の勉強会への参加・発表準備、院内勉強会への参加・発表準備、本来業務とは区別された臨床研究に係る診療データの整理・症例報告の作成・論文執筆、大学院の受験勉強、専門医の取得や更新に係る症例報告作成・講習会受講等が考えられます。

②　研鑽の労働時間該当性

上司や先輩である医師から論文作成等を奨励されている等の事情があっても、業務上必須ではない行為を、自由な意思に基づき、所定労働時間外に、自ら申し出て、上司の明示・黙示による指示なく行う時間については、在院して行う場合であっても、一般的に労働時間に該当しないと考えられます。

ただし、研鑽の不実施について就業規則上の制裁等の不利益が課されているため、その実施を余儀なくされている場合や、研鑽が業務上必須である場合、業務上必須でなくとも上司が明示・黙示の指示をして行わせる場合は、当該研鑽が行われる時間については労働時間に該当します。

上司や先輩である医師から奨励されている等の事情があっても、自由な意思に基づき研鑽が行われていると考えられる例としては、次のようなものが考えられます。

・勤務先の医療機関が主催する勉強会であるが、自由参加である。
・学会等への参加・発表や論文投稿が勤務先の医療機関に割り当てられているが、医師個人への割当はない。
・研究を本来業務とはしない医師が、院内の臨床データ等を利用し、院内で研究活動を行っているが、当該研究活動は、上司に命じられておらず、自主的に行っている。

(3)　手技を向上させるための手術の見学

①　研鑽の具体的内容

例えば、手術・処置等の見学の機会の確保や症例経験を蓄積するために、所定労働時間外に、見学（見学の延長上で診療（診療の補助を含む。下記②において同じ）を行う場合を含む）を行うこと等が考えられます。

② 研鑽の労働時間該当性

上司や先輩である医師から奨励されている等の事情があったとしても、業務上必須ではない見学を、自由な意思に基づき、所定労働時間外に、自ら申し出て、上司の明示・黙示による指示なく行う場合、当該見学やそのための待機時間については、在院して行う場合であっても、一般的に労働時間に該当しないと考えられます。

ただし、見学中に診療を行った場合については、当該診療を行った時間は、労働時間に該当すると考えられ、また、見学中に診療を行うことが慣習化、常態化している場合については、見学の時間すべてが労働時間に該当します。

3　事業場における研鑽の労働時間該当性を明確化するための手続および環境の整備

研鑽の労働時間該当性についての基本的な考え方は、上記１－(1)および１－(2)のとおりですが、各事業場における研鑽の労働時間該当性を明確化するために求められる手続およびその適切な運用を確保するための環境の整備として、次に掲げる事項が有効であると考えられます。

(1)　医師の研鑽の労働時間該当性を明確化するための手続

医師の研鑽については、業務との関連性、制裁等の不利益の有無、上司の指示の範囲を明確化する手続を講ずること。例えば、医師が労働に該当しない研鑽を行う場合には、医師自らがその旨を上司に申し出ることとし、当該申出を受けた上司は、当該申出をした医師との間において、当該申出のあった研鑽に関し、

・本来業務および本来業務に不可欠な準備・後処理のいずれにも該当しないこと。
・当該研鑽を行わないことについて制裁等の不利益はないこと。
・上司として当該研鑽を行うよう指示しておらず、かつ、当該研鑽を開始する時点において本来業務および本来業務に不可欠な準備・後処理は終了しており、本人はそれらの業務から離れてよいこと。

について確認を行うことが考えられます。

(2) 医師の研鑽の労働時間該当性を明確化するための環境の整備

上記(1)の手続について、その適切な運用を確保するため、次の措置を講ずることが望ましいとされています。

① 労働に該当しない研鑽を行うために在院する医師については、権利として労働から離れることを保障されている必要があるところ、診療体制には含めず、突発的な必要性が生じた場合を除き、診療等の通常業務への従事を指示しないことが求められること。また、労働に該当しない研鑽を行う場合の取扱いとしては、院内に勤務場所とは別に、労働に該当しない研鑽を行う場所を設けること、労働に該当しない研鑽を行う場合には、白衣を着用せずに行うこととすること等により、通常勤務ではないことが外形的に明確に見分けられる措置を講ずることが考えられること。手術・処置の見学等であって、研鑽の性質上、場所や服装が限定されるためにこのような対応が困難な場合は、当該研鑽を行う医師が診療体制に含まれていないことについて明確化しておくこと。

② 医療機関ごとに、研鑽に対する考え方、労働に該当しない研鑽を行うために所定労働時間外に在院する場合の手続、労働に該当しない研鑽を行う場合には診療体制に含めない等の取扱いを明確化し、書面等に示すこと。

③ 上記②で書面等に示したことを院内職員に周知すること。周知に際しては、研鑽を行う医師の上司のみではなく、所定労働時間外に研鑽を行うことが考えられる医師本人に対してもその内容を周知し、必要な手続の履行を確保すること。

　また、診療体制に含めない取扱いを担保するため、医師のみではなく、当該医療機関における他の職種も含めて、当該取扱い等を周知すること。

④ 上記(1)の手続をとった場合には、医師本人からの申出への確認

や当該医師への指示の記録を保存すること。なお、記録の保存期間については、労働基準法109条において労働関係に関する重要書類を３年間保存することとされていることも参考として定めること。

第6章

副業・兼業の労働時間管理方法

1　複数医療機関に勤務する医師に適用される時間外・休日労働の上限の考え方

医師の多くは、複数の医療機関に勤務されていると思われますが、医師が複数の医療機関に勤務する場合の時間外・休日労働の上限の考え方は、次のとおりとなります。

まず、**図33**の左上の部分は、２つの医療機関がともにＡ水準である場合には、その両医療機関に勤務する医師が通算して働くことができる時間外・休日労働は、年960時間以下となります。

次に、左下と右上の部分ですが、２つの医療機関のうち、どちらか、または両方がＢ・Ｃ水準である場合、その両医療機関に勤務する医師が通算して働くことができる時間外・休日労働も、年1,860時間以下となります。

そして、右下の部分は、連携Ｂ水準の医療機関とＡ水準の医療機関に勤務する医師の場合ですが、この医師は、それぞれの医療機関において働くことのできる時間外・休日労働は年960時間までですが、両医療機関を通算して働くことができる時間外・休日労働は、年1,860時間以下となります。

このように、医師の時間外・休日労働を把握する場合には、当該医師が勤務しているすべての医療機関の労働時間を通算しなければなりません。

そこで、医師が副業・兼業している場合の労働時間管理方法について、次にご説明します。

■図33　複数医療機関に勤務する医師に適用される時間外・休日労働の上限の考え方

＊年の時間外・休日労働時間数

	個々の医療機関において適用される水準	
	医療機関① A	医療機関② A
36協定で定めることができる時間*	960以下 （自院での労働時間）	960以下 （自院での労働時間）
実際に働くことができる時間*（通算）	960以下 （各医療機関での労働時間を通算した時間）	

	個々の医療機関において適用される水準	
	医療機関① B･C	医療機関② B･C
36協定で定めることができる時間*	1,860以下 （自院での労働時間）	1,860以下 （自院での労働時間）
実際に働くことができる時間*（通算）	1,860以下 （各医療機関での労働時間を通算した時間）	

	個々の医療機関において適用される水準	
	医療機関① B･C	医療機関② A
36協定で定めることができる時間*	1,860以下 （自院での労働時間）	960以下 （自院での労働時間）
実際に働くことができる時間*（通算）	1,860以下（※１） （各医療機関での労働時間を通算した時間）	

	個々の医療機関において適用される水準	
	医療機関① 連携Ｂ	医療機関② A
36協定で定めることができる時間*	960以下 （自院での労働時間）	960以下 （自院での労働時間）
実際に働くことができる時間*（通算）	1,860以下（※２） （各医療機関での労働時間を通算した時間）	

※１いずれの医療機関においてもＡ水準が適用されている医師については、勤務する全ての事業場での労働時間を通算した時間外・休日労働の上限は年960時間となる。

※２いずれかの医療機関においてＢ・連携Ｂ・Ｃ水準が適用されている医師については、勤務する全ての事業場での労働時間を通算した時間外･休日労働の上限は年1,860時間となる。ただし、当該医師の各医療機関における時間外・休日労働の上限は、各医療機関が36協定において定める時間であり、Ａ水準又は連携Ｂ水準が適用される医師を雇用する医療機関が当該医師に関して36協定において定めることのできる時間外・休日労働の上限は年960時間以下となる。

（参考）各表の上欄の時間は、個々の医療機関における36協定の内容であり、各医療機関における時間外・休日労働時間数を定めることとなる。下欄の時間は、医師個人の実際に働くことができる時間外・休日労働時間数（通算）に着目したものであり、各医療機関における労働時間が通算される。

出典：「医師の働き方改革の推進に関する検討会　中間とりまとめ」参考資料、令和２年12月22日。

2　副業・兼業の有無・内容の事前把握

労働基準法38条１項では「労働時間は、事業場を異にする場合においても、労働時間に関する規定の適用については通算する」と規定されており、「事業場を異にする場合」とは事業主を異にする場合をも含む（昭和23年５月14日付け基発第769号）とされています。

(1)　労働時間の通算が必要となる場合

①　労働時間が通算される場合

医師が、事業主を異にする複数の医療機関において、「労働基準法に定められた労働時間規制が適用される労働者」に該当する場合に、労働基準法38条１項の規定により、それらの複数の医療機関における労働時間が通算されます。

ただし、次のいずれかに該当する場合は、その時間は通算されません。

・労働基準法が適用されない場合
　例：フリーランス、独立、起業、共同経営、アドバイザー、コンサルタント、顧問、理事、監事等)
・労働基準法は適用されるが労働時間規制が適用されない場合
　農業・畜産業・養蚕業・水産業従事者、管理監督者・機密事務取扱者、監視・断続的労働者、高度プロフェッショナル制度適用者

なお、これらの場合においても、過労等により業務に支障を来さないようにする観点から、その者からの申告等により就業時間を把握すること等を通じて、就業時間が長時間にならないよう配慮することが望ましいとされています。

②　通算して適用される規定

法定労働時間（労働基準法32条）について、その適用において自らの医療機関における労働時間および他の使用者の医療機関における労働時間が通算されます。

時間外労働（労働基準法36条）のうち、時間外労働の上限規制については、医師個人の実労働時間に着目し、当該個人を使用する使用者を規制するものであり、その適用において自らの医療機関における労働時間および他の使用者の医療機関における労働時間が通算されます。

③　通算されない規定

時間外労働（労働基準法36条）のうち、労働基準法36条１項の協定（以下「36協定」という）により延長できる時間の限度時間（同条４項)、36協定に特別条項を設ける場合の１年についての延長時間の上限（同条５項）については、個々の医療機関における36協定の内容を規制するものであり、それぞれの医療機関における延長時間を定めることとなります。

また、36協定において定める延長時間が医療機関ごとの時間で定められていることから、それぞれの医療機関における時間外労働が36協定に定めた延長時間の範囲内であるか否かについては、自らの医療機関における労働時間と他の使用者の医療機関における労働時間とは通算されません。

休憩（労働基準法34条)、休日（労働基準法35条)、年次有給休暇（労働基準法39条）については、労働時間に関する規定ではなく、その適用において自らの医療機関における労働時間および他の使用者の医療機関における労働時間は通算されません。

⑵　副業・兼業の確認

①　副業・兼業の確認方法

使用者は、医師からの申告等により、副業・兼業の有無・内容を確認します。

その方法としては、就業規則、労働契約等に副業・兼業に関する届出制を定め、すでに雇い入れている医師が新たに副業・兼業を開始する場合の届出や、新たに医師を雇い入れる際の医師からの副業・兼業についての届出に基づくこと等が考えられます。

使用者は、副業・兼業に伴う労務管理を適切に行うため、届出制など副業・兼業の有無・内容を確認するための仕組みを設けておくことが望ましいとされています。

②　医師から確認する事項

副業・兼業の内容として確認する事項としては、次のものが考えられます。

・他の使用者の医療機関の事業内容
・他の使用者の医療機関で医師が従事する業務内容
・労働時間通算の対象となるか否かの確認

労働時間通算の対象となる場合には、併せて次の事項について確認し、各々の使用者と医師との間で合意しておくことが望ましいとされています。

・他の使用者との労働契約の締結日、期間
・他の使用者の医療機関での所定労働日、所定労働時間、始業・終業時刻
・他の使用者の医療機関での所定外労働の有無、見込み時間数、最大時間数
・他の使用者の医療機関における実労働時間等の報告の手続
・これらの事項について確認を行う頻度

3　労働時間の通算方法

(1)　基本的事項

①　労働時間を通算管理する使用者

副業・兼業を行う医師を使用するすべての使用者は、労働基準法38条１項の規定により、それぞれ、自らの医療機関における労働時間と他の使用者の医療機関における労働時間とを通算して管理する必要があります。

②　通算される労働時間

労働基準法38条１項の規定による労働時間の通算は、自らの医療機関における労働時間と医師からの申告等により把握した他の使用者の医療機関における労働時間とを通算することによって行います。

③　基礎となる労働時間制度

労働基準法38条１項の規定による労働時間の通算は、自らの医療機関における労働時間制度を基に、医師からの申告等により把握した他の使用者の医療機関における労働時間と通算することによって行います。

週の労働時間の起算日または月の労働時間の起算日が、自らの医療機関と他の使用者の医療機関とで異なる場合についても、自らの医療機関の労働時間制度における起算日を基に、そこから起算した各期間における労働時間を通算します。

④　通算して時間外労働となる部分

自らの医療機関における労働時間と他の使用者の医療機関における労働時間を通算して、自らの医療機関の労働時間制度における法定労働時間を超える部分が、時間外労働となります。

⑵　副業・兼業の開始前（所定労働時間の通算）（図34）

①　所定労働時間の通算

副業・兼業の開始前に、自らの医療機関における所定労働時間と他の使用者の医療機関における所定労働時間とを通算して、自らの医療機関の労働時間制度における法定労働時間を超える部分の有無を確認します。

②　通算して時間外労働となる部分

自らの医療機関における所定労働時間と他の使用者の医療機関における所定労働時間を通算して、自らの医療機関の労働時間制度における法定労働時間を超える部分がある場合は、時間的に後から労働契約を締結した使用者における当該超える部分が時間外労働となり、当該使用者における36協定で定めるところによって行うこととなります。

図34においては、例１、例２ともに、時間的に後に労働契約を締結した企業Ｂの所定労働時間の最後の１時間が、法定時間外労働となり、割増賃金が発生します。

③　所定労働時間の把握

他の使用者の医療機関における所定労働時間は、**2⑵②**のとおり、副業・兼業の確認の際に把握しておくことが考えられます。

■図34　副業・兼業の開始前（所定労働時間の通算）

（例 1）企業 A：時間的に先に労働契約を締結、所定労働時間 1 日 5 時間
（7：00〜12：00）

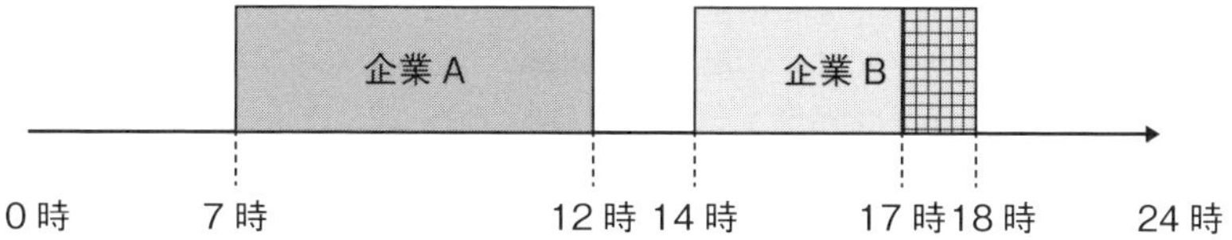

→企業 B に、法定時間外労働が 1 時間発生します。
（5 時間＋4 時間－8 時間＝1 時間）

（例 2）企業 A：時間的に先に労働契約を締結、所定労働時間 1 日 5 時間
（14：00〜19：00）

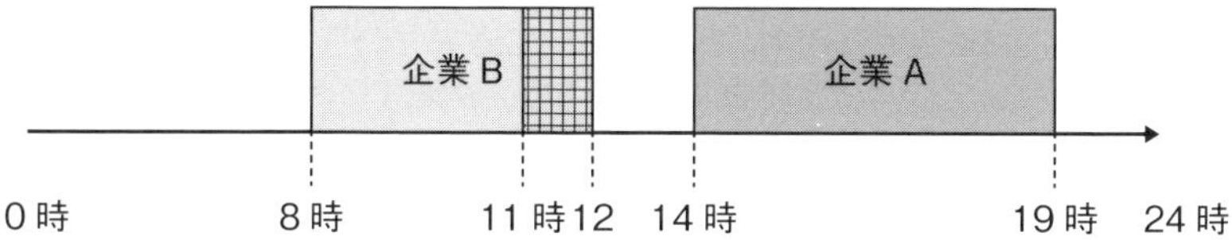

→企業 B に、法定時間外労働が 1 時間発生します。
（5 時間＋4 時間－8 時間＝1 時間）

⑶　副業・兼業の開始後（所定外労働時間の通算）（図35）

①　所定外労働時間の通算

⑵の所定労働時間の通算に加えて、副業・兼業の開始後に、自らの医療機関における所定外労働時間と他の使用者の医療機関における所定外労働時間を当該所定外労働が行われる順に通算して、自らの医療機関の労働時間制度における法定労働時間を超える部分の有無を確認します。

※　自らの医療機関で所定外労働がない場合は、所定外労働時間の通算は不要です。

※　自らの医療機関で所定外労働があるが、他の使用者の医療機関で所定外労働がない場合は、自らの医療機関の所定外労働時間を通算すれば足ります。

■図35　副業・兼業の開始後（所定外労働時間の通算）

（例 1）企業Ａ：時間的に先に労働契約を締結
所定労働時間 1 日 3 時間（7：00～10：00）―①
当日発生した所定外労働 2 時間（10：00～12：00）―③
企業Ｂ：時間的に後に労働契約を締結
所定労働時間 1 日 3 時間（15：00～18：00）―②
当日発生した所定外労働 1 時間（18：00～19：00）―④

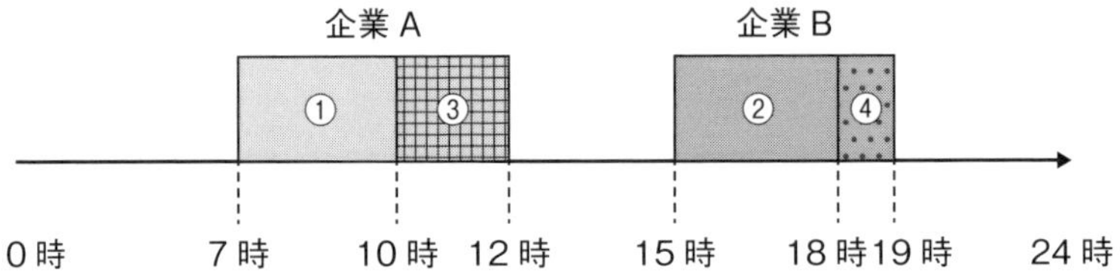

→①＋②＋③で法定労働時間に達するので、企業Ｂで行う 1 時間の所定外労働（18：00～19：00）は法定時間外労働となり、企業Ｂにおける 36 協定で定めるところにより行うこととなります。企業Ｂはその 1 時間について割増賃金を支払う必要があります。

（例 2）企業Ａ：時間的に先に労働契約を締結
所定労働時間 1 日 3 時間（14：00～17：00）―①
当日発生した所定外労働 2 時間（17：00～19：00）―④
企業Ｂ：時間的に後に労働契約を締結
所定労働時間 1 日 3 時間（7：00～10：00）―②
当日発生した所定外労働 1 時間（10：00～11：00）―③

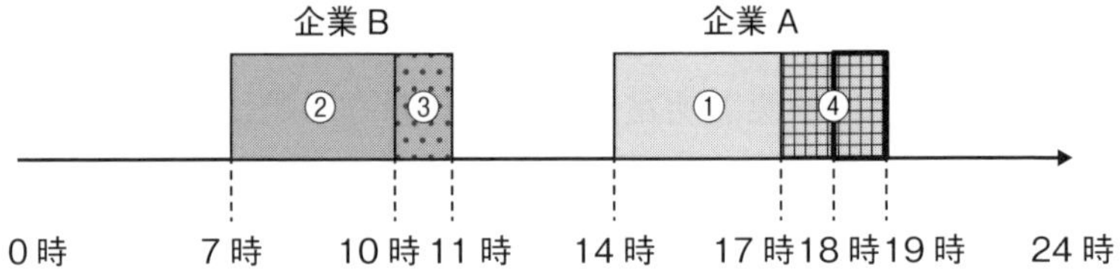

→①＋②＋③＋（④のうち 1 時間）で法定労働時間に達するので、企業Ａで行う 1 時間の所定外労働（18：00～19：00）は法定時間外労働となり、企業Ａにおける 36 協定で定めるところにより行うこととなります。企業Ａはその 1 時間について割増賃金を支払う必要があります。

②　通算して時間外労働となる部分

所定労働時間の通算に加えて、自らの医療機関における所定外労働時間と他の使用者の医療機関における所定外労働時間を当該所定外労働が行われる順に通算して、自らの医療機関の労働時間制度における法定労働時間を超える部分がある場合は、当該超える部分が時間外労働となります。

図35の例１では、時間的に後で発生する企業Ｂの最後の１時間の時間外労働が法定時間外労働となり、割増賃金を支払う必要があります。例２では、時間的に後で発生する企業Ａの最後の１時間の時間外労働が法定時間外労働となり、割増賃金を支払う必要があります。

各々の使用者は、通算して時間外労働となる時間のうち、自らの医療機関において労働させる時間については、自らの医療機関における36協定の延長時間の範囲内とする必要があります。

各々の医療機関は、診療に従事する医師について、通算して時間外労働となる時間（他の使用者の医療機関における労働時間を含む）によって、時間外労働と休日労働の合計が年960時間または1,860時間以内となるよう、労働時間を通算管理する必要があります。

③　所定外労働時間の把握

他の使用者の医療機関における実労働時間は、⑴②のとおり、医師からの申告等により把握します。

他の使用者の医療機関における実労働時間は、労働基準法を遵守するために把握する必要がありますが、把握の方法としては、必ずしも日々把握する必要はなく、労働基準法を遵守するために必要な頻度で把握すれば足ります。

例えば、時間外労働の上限規制の遵守等に支障がない限り、

・一定の日数分をまとめて申告等させる（例：１週間分を週末に申告する等）

・所定労働時間どおり労働した場合には申告等は求めず、実労働時間が所定労働時間どおりではなかった場合のみ申告等させる（例：所定外労働があった場合等）
・時間外労働の上限規制の水準に近づいてきた場合に申告等させるなどとすることが考えられます。

④ その他

医師が事業主を異にする３以上の医療機関で労働する場合についても、上記に記載したところにより、副業・兼業の確認、副業・兼業開始前の所定労働時間の通算、副業・兼業開始後の所定外労働時間の通算を行います。

⑷ 時間外労働の割増賃金の取扱い

各々の使用者は、自らの医療機関における労働時間制度を基に、他の使用者の医療機関における所定労働時間・所定外労働時間についての医師からの申告等により、
・まず労働契約の締結の先後の順に所定労働時間を通算し、
・次に所定外労働の発生順に所定外労働時間を通算することによって、

それぞれの医療機関での所定労働時間・所定外労働時間を通算した労働時間を把握し、その労働時間について、自らの医療機関の労働時間制度における法定労働時間を超える部分のうち、自ら労働させた時間について、時間外労働の割増賃金（労働基準法37条１項）を支払う必要があります。

4　簡便な労働時間管理の方法

副業・兼業の場合の労働時間管理の在り方については上記のとおりですが、例えば、副業・兼業の日数が多い場合や、自らの医療機関および他の使用者の医療機関の双方において所定外労働がある場合等においては、労働時間の申告等や通算管理において、労使双方に手続上の負担が伴うことが考えられます。

このため、副業・兼業の場合の労働時間管理の在り方について、上記によることのほかに、労働時間の申告等や通算管理における労使双方の手続上の負担を軽減し、労働基準法に定める最低労働条件が遵守されやすくなる簡便な労働時間管理の方法（以下「管理モデル」という）として、次の方法によることが認められています。

(1)　管理モデルの枠組み

管理モデルは、副業・兼業の開始前に、当該副業・兼業を行う医師と時間的に先に労働契約を締結していた使用者（以下「使用者A」という）の医療機関における法定外労働時間と時間的に後から労働契約を締結した使用者（以下「使用者B」という）の医療機関における労働時間（所定労働時間および所定外労働時間）を合計した時間数が原則として単月100時間未満、年960時間または1,860時間以内となる範囲内において、各々の使用者の医療機関における労働時間の上限をそれぞれ設定し、各々の使用者がそれぞれその範囲内で労働させることとするものです。

また、使用者Aは自らの医療機関における法定外労働時間の労働について、使用者Bは自らの医療機関における労働時間の労働について、それぞれ自らの医療機関における36協定の延長時間の範囲内とし、割増賃金を支払うこととなります。

これにより、使用者Aおよび使用者Bは、副業・兼業の開始後においては、それぞれあらかじめ設定した労働時間の範囲内で労働させる限り、他の使用者の医療機関における実労働時間の把握を要することなく、労働基準法を遵守することが可能となります。

⑵ 管理モデルの実施

① 導入手順

一般的には、副業・兼業を行おうとする医師に対して使用者Aが管理モデルにより副業・兼業を行うことを求め、医師および医師を通じて使用者Bがこれに応じることによって導入されることが想定されます。

② 労働時間の上限の設定

使用者Aの医療機関における1か月の法定外労働時間と使用者Bの医療機関における1か月の労働時間とを合計した時間数が原則として単月100時間未満、年960時間または1,860時間以内となる範囲内において、各々の使用者の医療機関における労働時間の上限をそれぞれ設定します。

月の労働時間の起算日が、使用者Aの医療機関と使用者Bの医療機関とで異なる場合には、各々の使用者は、各々の医療機関の労働時間制度における起算日を基に、そこから起算した1か月における労働時間の上限をそれぞれ設定することとして差し支えないとされています。

③ 時間外労働の割増賃金の取扱い

使用者Aは自らの医療機関における法定外労働時間の労働について、使用者Bは自らの医療機関における労働時間の労働について、それぞれ割増賃金を支払います。

使用者Aが、法定外労働時間に加え、所定外労働時間についても割増賃金を支払うこととしている場合には、使用者Aは、自らの医療機関における所定外労働時間の労働について割増賃金を支払うこととなります。

※注：「所定」と「法定」の違い

時間外労働については、一般的に考えられている「残業」と法律上の「時間外労働」が異なっている場合があるので注意が必要です。

いわゆる「残業」というと、医療機関で定めた「所定労働時間」を超える時間のことを指すと考える方が多いのではないでしょうか。一方、法律上の「時間外労働」とは、労働基準法で定められた「法定労働時間」（1日8時間・1週40時間）を超える時間のことをいいます。

例えば、始業時刻が9時、休憩時間が12時～13時、終業時刻が17時30分の医療機関であれば、所定労働時間は7時間30分となります。この場合に、9時に始業し18時に終業した医師については、いわゆる「残業」は30分になりますが、法律上の「時間外労働」はなしとなります。ただし、残業手当の算定基準を、「所定労働時間」を超える時間とするか、「法定労働時間」を超える時間とするかは、労使の定めによって決まります。

④　その他

ア　管理モデルの導入後に、使用者Aにおいて導入時に設定した労働時間の上限を変更する必要が生じた場合には、あらかじめ労働者を通じて使用者Bに通知し、必要に応じて使用者Bにおいて設定した労働時間の上限を変更し、これを変更することは可能です。なお、変更を円滑に行うことができるよう、あらかじめ、変更があり得る旨を留保しておくことが望ましいです。

イ　医師が事業主を異にする3以上の医療機関で労働する場合につ

いても、使用者Ａの医療機関における法定外労働時間、使用者Ｂの医療機関における労働時間、さらに時間的に後から労働契約を締結した使用者Ｃ等の医療機関における労働時間について、各々の使用者の医療機関における労働時間の上限をそれぞれ設定し、各々の使用者がそれぞれその範囲内で労働させ、使用者Ａは自らの医療機関における法定外労働時間の労働について、使用者Ｂおよび使用者Ｃ等は自らの医療機関における労働時間の労働について、それぞれ割増賃金を支払うことにより、管理モデルの導入が可能です。

ウ　管理モデルを導入した使用者が、あらかじめ設定した労働時間の範囲を逸脱して労働させたことによって、時間外労働の上限規制を超える等の労働基準法に抵触した状態が発生した場合には、当該逸脱して労働させた使用者が、労働時間通算に関する法違反を問われ得ることとなります。

第7章
医師の労働時間短縮計画の作成のしかた

令和６年４月の医師に対する時間外労働の上限規制の適用開始および令和17年度末のＢ･連携Ｂ水準の廃止目標に向けて、医師の健康確保と地域の医療提供体制の確保を両立しつつ、各医療機関における医師の労働時間の短縮を計画的に進めていく必要があります。

医師の労働時間の短縮を計画的に進めていくうえでは、医療機関として、まずは医師労働時間短縮計画（以下「計画」という）を作成し､同計画に沿って､医療機関の管理者のリーダーシップの下､医療機関全体として医師の働き方改革を進めていくことが重要です。

1　概　要

医療機関において計画的に労働時間短縮に向けた取組が進められるよう、計画には①労働時間の短縮に関する目標および②実績並びに③労働時間短縮に向けた取組状況を記載し､これに基づきPDCAサイクルの中で、毎年自己評価を行うこととされています。

また、地域医療提供体制の確保を担う都道府県が、医療機関の取組に対する必要な支援を可能とするためにも、計画作成後は、同計画を医療機関が所在する都道府県に提出することとされ､その後､毎年、定期的に実績を踏まえて必要な見直しを行い、毎年、都道府県に提出します。

計画の作成の義務付けについては、

・年間の時間外・休日労働時間数が960時間を超える医師（＝Ａ水準超の時間外・休日労働を行う医師）が勤務する医療機関に対して令和５年度末までの計画について作成を努力義務としつつ、
・Ｂ・連携Ｂ・Ｃ水準の指定を受けることを予定している医療機関は、当該指定申請に当たり、医療機関勤務環境評価センターによる第三者評価を受審する前までに令和６年度以降の計画の案（取組実績と令和６年度以降の取組目標を記載）を作成することとされています。

2　作成対象医療機関

年間の時間外・休日労働時間数が960時間を超える医師の勤務する医療機関については、医師の働き方改革を計画的に進める必要があり、計画の作成が望まれます。

例えば、年間の時間外・休日労働時間数が960時間を超える36協定を締結する医療機関または副業・兼業先の労働時間を通算すると予定される年間の時間外・休日労働時間数が960時間を超える医師が勤務する医療機関は、計画を作成する必要があります。

なお、令和６年３月末までの間については、Ｂ・連携Ｂ・Ｃ水準の指定を受ける予定のない医療機関を含め、年間の時間外・休日労働時間数が960時間を超える医師が勤務する医療機関であれば、令和５年度末までの計画について作成に努めるとともに、Ｂ・連携Ｂ・Ｃ水準の指定を受けることを予定している医療機関は、当該指定申請に当たり、医療機関勤務環境評価センターによる第三者評価を受審する前までに令和６年度以降の計画の案を作成する必要があることに留意する必要があります。

また、令和６年度以降については、作成対象医療機関は、自ずとＢ・連携Ｂ・Ｃ水準の指定を受けている医療機関に限定されることとなります。

3　計画期間

令和５年度末までの計画の計画期間は、次のとおりです。

・計画始期：任意の日

・計画終期：令和６年３月末日

なお、できる限り早期に労働時間短縮に向けた取組に着手するため、計画始期についてはできる限り早期が望ましいとされています。

令和６年度以降の計画の計画期間は、次のとおりです。

・計画始期：令和６年４月１日

・計画終期：始期から５年を超えない範囲内で任意の日

計画の作成に当たっては、各医療機関は、令和17年度末でのＢ・連携Ｂ水準の廃止を前提に、計画的に労働時間短縮の目標を設定する必要があることに留意するとともに、計画期間内であっても、「**５　作成の流れ**」のとおり、PDCA サイクルの中で、年１回、計画の見直しを行うこととされています。

4　計画の対象医師

計画の作成単位としては医療機関を原則とし、計画の対象職種は医師のみとされています。また、当該医療機関に勤務する医師のうち、全員を計画の対象とすることも可能ですが、長時間労働を行う個々の医師を特定して当該医師の労働時間の短縮に係る計画を作成することや、長時間労働が恒常的となっている診療科に限定して、診療科単位で作成することも可能とされています。

また、B・連携B・C水準のいずれか複数の指定を受けている（受けることを予定している）医療機関は、一つの計画としてまとめて作成することも可能ですが、その場合には、取組の対象となる医師が明らかになるよう計画に記載することが求められています（例：全勤務医共通の取組とC－1水準の対象となる臨床研修医のみに適用される取組を区別する等）。

複数の研修プログラムについて、C－1水準指定を受けている（受けることを予定している）医療機関についても同様とされています。C－1水準指定を受けている医療機関のうち、基幹型研修施設においては、協力型研修施設における労働時間についても把握し、研修プログラム全体として時間外・休日労働が適正化されるよう、計画を作成しなければなりません。また、B・連携B・C水準の適用医師で書き分けることも考えられます。

なお、C－1水準については、研修プログラム／カリキュラム内の各医療機関においては、当該医療機関における研修期間が1年未満の場合も、当該研修期間の時間外・休日労働時間数を年単位に換算し960時間超となる場合には、C－1水準対象医療機関としての指定が必要であり、当該指定申請に当たり、計画の案の作成が必要となる点に留意する必要があります。

5　作成の流れ

(1)　PDCAサイクル（医療勤務環境マネジメントシステム）

医師、看護師、薬剤師、事務職員等の幅広い医療スタッフの協力の下、一連の過程を定めて継続的に行う自主的な勤務環境改善活動を促進することにより、快適な職場環境を形成し、医療スタッフの健康増進と安全確保を図るとともに、医療の質を高め、患者の安全と健康の確保に資することを目的として、医療機関における「医療勤務環境改善マネジメントシステム（後述）」の導入が進められています。

計画を作成する際も、医療法30条の19に基づく努力義務が課されている「医療勤務環境改善マネジメントシステム」のPDCAサイクルを活用して、各医療機関において、医師を含む各職種が参加する合議体で議論し、対象医師に対し計画の内容を説明し意見交換する等の手順を踏むことが必要とされています。

例えば、次のような方法が考えられます。

・理事長・院長等経営トップ主導のトップダウンによるチームの組成
・問題意識・解決意欲の高い医療スタッフ主導のボトムアップによるチームの組成
・人事・事務部門が中心となったプロジェクト・チームの組成
・既存の委員会（安全衛生委員会、労働時間等設定改善委員会、業務改善委員会等）や会議の活用

いずれの方法による場合も、勤務環境改善の取組は、医療機関全体に関わる課題であるため、様々な職種・年代のスタッフを参加させることが重要です。

医療機関においては、勤務医を対象とした説明会を開催し、計画の内容について理解を深めるとともに、計画の内容およびその進捗状況について、意見交換の機会を設けることが重要です。働き方改革に関するチームを医療機関内の正式な組織として位置付け、医療機関として本気で取り組んでいく方針を医療機関内に示すことも効果的です。

また、作成された計画やB・連携B・C水準の指定申請に当たって作成した計画の案は、今後の医療機関としての取組の方向性を示すものであるため、院内に掲示する等により継続的にその内容の周知を図ることも重要です。

【医療勤務環境改善マネジメントシステム（図36）】

このシステムは、まず経営トップによる方針表明から始まり、評価・改善までの７つのステップからなっています。いずれのステップにおいても、部門間の障壁等の様々な問題が発生し得ます。そのため、各職種の責任者が継続的に関与する体制の整備が不可欠です。

また、これらの問題はトップがリーダーシップを発揮し積極的に関与している医療機関ほど迅速に解決されていますので、経営トップが積極的に関与する必要があります。それでは、一つひとつのステップについて、説明していきます。

①　ステップ１：方針表明

医師労働時間短縮計画の策定に当たっては、医療機関全体の組織的な取組とするために、まず、医療機関のトップが、なぜ取り組む必要があるのかも含めて医師労働時間短縮計画の取組のスタートを宣言することが重要です。

この宣言については、広く関係者に周知していくとともに、最初の宣言だけでは一過性のものとなり職員への浸透はできないので、トップからの継続した周知が必要となります。

② ステップ２：体制整備

医師労働時間短縮計画を推進するチームは、院長等のトップが主導するプロジェクト・チーム、既存の委員会等を活用する等、様々

■図36　医療勤務環境改善マネジメントシステム

・取組実施の流れ

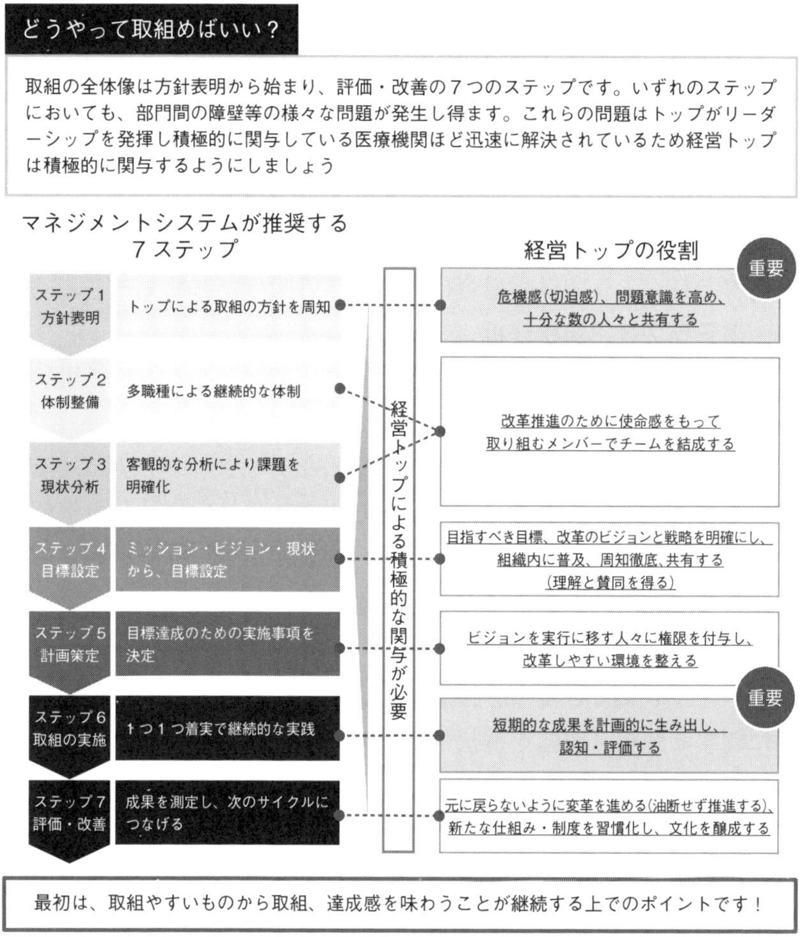

出典：「医療を未来につなぐために、今、働き方改革を！」厚生労働省医療勤務環境改善推進室長安里賀奈子、令和元年11月16日。

な方法が考えられますので、それぞれの医療機関等で実情に応じた形態をとりましょう。

ここで重要な点は、次の２点です。

まず、関連する部門を交えた組織横断的なチームメンバー構成にすることです。部門を越えた業務体制の見直し、業務の効率化等を検討できるようにするために、各職種の立場から責任ある発言ができる人をメンバーに入れることも重要です。特に長時間労働になりがちな診療科などは、診療科単位でのチームを作ること等も実効性を高めるうえでは有効です。

次に、トップの積極的な関与です。トップの関与により、組織全体として取り組むという姿勢を示すことができます。

また、複数の部門で構成されている場合には部門間の壁が生じる場合があり、こういった場合にもトップの関与が有効です。

③　ステップ３：現状分析

医師労働時間短縮計画の取組としてまず必要となるのが、現状の把握と分析および課題の整理です。

現状を把握する方法としては、定量的なデータへのアプローチと、定性的なデータへのアプローチがあります。具体的には、自医療機関の経営指標や時間外労働時間数等の定量的なデータを把握する方法と、残業理由等の定性的なデータをヒアリング等で集める方法があります。

データが収集できたら、推進チームにおいて、医師の労働時間短縮に関する課題（問題を解決するために取り組むべきこと）を整理します。

④　ステップ４：目標設定

自医療機関の目指す姿を確認し、また、ステップ３の現状分析の結果を踏まえ、１か月当たりの平均時間外労働時間数等において一定期間に達成すべき到達点を明確にします。

設定した目標はチームメンバー内だけで共有するのではなく、何のための目標なのかも併せて自医療機関全体で共有する必要があります。ステップ1と同様にトップから職員に対して自医療機関の目指す姿と併せて発信しましょう。

⑤　ステップ5：計画の策定

ステップ4で設定した目標に対して、「誰が」「いつまでに」「何を」実施していくのか、具体的な対策とスケジュール（アクションプラン）を作成し、職員に周知します。

新しい取組を現場へ導入する際に発生する問題は、極力計画段階から取り除いていくことが望まれます。そのためには、計画段階から該当する現場の方々ともコミュニケーションを図り、建設的な意見を出し合うことを通して、どのように実施項目を導入・展開するかを決定していきます。

職員の協力や理解を得るためにも、策定した計画を職員に周知・浸透させることが非常に重要になります。今までのステップの内容も踏まえ、トップから継続的に「なぜ取り組むのか、何をどのように取り組むのか」といった点を発信するようにしましょう。

⑥　ステップ6：取組の実施

実際に取組を進めていく際には、予期しなかった様々な問題が生じることが考えられますが、できる限り早めに、かつ柔軟な対応をしていきましょう。取組の内容によっては、実施しやすい一部の職場単位で試行的に実施し、その効果を検証して支障が生じないことを確認したうえで、本格実施することも一つの方法です。

⑦　ステップ7：評価・改善

目標設定の際に設定した具体的な数値目標の達成状況の確認・評価を適切に行うことで、次の計画策定に活かしていくことや、継続的にサイクルを回していくことで、医師労働時間短縮計画の取組を定着させていくことが重要です。

最初は、取り組みやすいものから取り組み、達成感を味わうことが継続する上でのポイントです。

⑵　都道府県との関係

計画の作成に当たっては、必要に応じて医療勤務環境改善支援センター（図37）に相談し、アドバイスを受けることができます。その際、計画の内容のみならず、医療機関の勤務環境の改善に向けた支援を同センターから受けることも医師の働き方改革の推進に効果的と考えられます。

また、医療機関は、計画作成後は、同計画を医療機関が所在する都道府県に提出します。計画には前年度の実績を記入するとともに、毎年、必要な見直しを行い、見直し後の計画を毎年、都道府県に提出することとされています。なお、令和５年度末までの計画については、都道府県への提出は任意ですが、提出した場合には情報提供や助言等の支援を受けることができます。また、提出後に計画の見直しを行った場合には見直し後の計画を都道府県に提出することとされています。

⑶　公表

計画については、公表する必要はないものの、医療機関の判断により、公表することができます。

⑷　計画の見直し

計画を見直す際には、①のPDCAサイクルの中で自己評価を行います。具体的には、各医療機関において直近１年間の労働時間の短縮状況について確認を行い、医師労働時間短縮目標ライン（後述）との乖離の度合い等も踏まえたうえで、必要に応じて目標の見直しや具体的な取組内容の改善等を行うことが期待されています。

また⑵に示したとおり、見直し後の計画も、毎年、都道府県に提出します。

■図37　各都道府県の医療勤務環境改善支援センター

1	北海道	〒060－0004 札幌市中央区北４条西６丁目１番１ 毎日札幌会館３階 一般社団法人 北海道総合研究調査会内	TEL 011-200-4005
2	青森県	〒030-8570 青森市長島１－１－１	TEL 017-734-9288
3	岩手県	〒020-8570 盛岡市内丸10番１号	TEL 019-651-3191
4	宮城県	〒980-8633 仙台市青葉区大手町１番５号	TEL 022-227-1591
5	秋田県	〒010-0951 秋田市山王４丁目１－１　秋田県庁２階	TEL 018-860-1403
6	山形県	〒990-0023 山形市松波２丁目８－１　山形県庁３F	TEL 023-630-2258
7	福島県	〒960-8036 福島県福島市新町４-22 福島県医師会館内	TEL 024-521-5115
8	茨城県	〒310-0852 茨城県水戸市笠原町489 一般社団法人 茨城県医師会内３階	TEL 029-303-5012
9	栃木県	〒320-8503 宇都宮市駒生町3337－１ とちぎ健康の森４階	TEL 028-622-2655
10	群馬県	〒371-8570 前橋市大手町１－１－１ （群馬県庁医務課内）	TEL 027-226-2533
11	埼玉県	〒330-8777 埼玉県さいたま市中央区新都心１－２ （県立小児医療センター８階）	TEL 048-601-4600
12	千葉県	〒260-8667 千葉市中央区市場町１－１	TEL 043-223-3635
13	東京都	〒102 - 0075 千代田区三番町９番15号 ホスピタルプラザビル５階	TEL 03-6272-9345
14	神奈川県	〒231-8588 横浜市中区日本大通１	TEL 045-664-2522
15	新潟県	〒951-8581 新潟市中央区医学町通二番町13番地	TEL 025-223-6381
16	富山県	〒930-8501 富山市新総曲輪１番７号	TEL 076-444-3218
17	石川県	〒920-8580 石川県金沢市鞍月１丁目１番地	TEL 076-225-1433
18	福井県	〒910-0001 福井市大願寺３丁目４-10	TEL 0776-24-1666
19	山梨県	〒400-0031 甲府市丸の内１丁目６－１　県庁５階	TEL 055-223-1480
20	長野県	〒380-8570 長野県長野市大字南長野字幅下692－２県庁４階	TEL 026-235-7144
21	岐阜県	〒500-8833 岐阜市神田町６丁目12番地 シグザ神田５階	TEL 058-213-6724

22	静岡県	〒420-0853 静岡市葵区追手町44-１ 静岡県産業経済会館６階	TEL 054-252-6326
23	愛知県	〒460-0008 名古屋市中区栄４-３-26 昭和ビル６階	TEL 052-212-5766
24	三重県	〒514-0003 津市桜橋二丁目191-４ 三重県医師会館５階	TEL 059-253-8879
25	滋賀県	〒520-0044 大津市京町４丁目３-28 滋賀県厚生会館３F	TEL 077-500-3106
26	京都府	〒600-8411 京都市下京区烏丸通四条下ル水銀屋町620番地 COCON 烏丸８階	TEL 075-354-8844
27	大阪府	〒543-0074 大阪市天王寺区六万体町４-11 大阪府病院年金会館３階	TEL 06-6776-1616
28	兵庫県	〒650-8567 兵庫県神戸市中央区下山手通５丁目10番１号	TEL 078-362-3606
29	奈良県	〒634-0061 橿原市大久保町454-10	TEL 0744-22-5750
30	和歌山県	〒640-8319 和歌山市手平２丁目１-２ 県民交流プラザ 和歌山ビッグ愛６階	TEL 073-488-5131
31	鳥取県	〒680-0055 鳥取市戎町317 鳥取県医師会館内	TEL 0857-29-0060
32	島根県	〒690-0887 松江市殿町１番地	TEL 0852-22-5691
33	岡山県	〒700-0024 岡山県岡山市北区駅元町19番２号 岡山県医師会館	TEL 086-250-5111
34	広島県	〒730-8511 広島県広島市中区基町10-52	TEL 082-513-3056
35	山口県	〒753-8501 山口市滝町１-１ 山口県健康福祉部医療政策課内	TEL 083-933-2922
36	徳島県	〒770-0941 徳島市万代町１-１ 徳島県庁医療政策課内	TEL 088-621-2366
37	香川県	〒760-8570 高松市番町四丁目１番10号	TEL 087-832-3321
38	愛媛県	〒790-0054 松山市空港通１-８-16 えざきビル５階	TEL 089-993-7831
39	高知県	〒780-8570 高知市丸ノ内一丁目２番20号 高知県庁本庁舎４階	TEL 088-822-9910
40	福岡県	〒812-8577 福岡県福岡市博多区東公園７-７	TEL 092-643-3330
41	佐賀県	〒840-0054 佐賀市水ヶ江一丁目12番10号	TEL 0952-37-1414

42	長崎県	〒850-8570 長崎市尾上町３番１号 長崎県福祉保健部医療人材対策室内	TEL 095-895-2425
43	熊本県	〒860-0806 熊本市中央区花畑町１番13号 熊本県医師会館内　５F	TEL 096-354-3848
44	大分県	〒870-8501 大分市大手町３丁目１番１号 県庁別館	TEL 097-506-2656
45	宮崎県	〒880-0023 宮崎市和知川原１-101 公益社団法人宮崎県医師会内	TEL 0985-20-1211
46	鹿児島県	〒892-0803 鹿児島県鹿児島市祇園之洲町５ 公益社団法人日本医業経営コンサルタント協会鹿児島県支部	TEL 099-813-7731
47	沖縄県	〒900-0012 沖縄県那覇市泊２丁目１番18号 T&C 泊ビル601-B	TEL 098-988-1430

（https://iryou-kinmukankyou.mhlw.go.jp/outline/work-improvement-support-center）

6　記載事項

⑴　労働時間と組織管理（共通記載事項）（図38）

①　労働時間数

次のすべての項目について、①前年度実績、②当年度目標および③計画期間終了年度の目標を記載します。B・連携B・C水準の指定申請に当たって作成する計画の案については、当該「計画の案」の作成時点における前年度実績、指定を受けることを予定している年度の目標（令和６年度からの指定を申請する場合には令和６年度の目標）および計画期間終了年度の目標を記載します。

前年度実績については、過去１年分の実績を記載します。集計する単位としては、指定を受けている（受けることを想定している）水準ごとに医療機関全体（医師に限る）および診療科または研修プログラム／カリキュラム単位で記載します。対象となる診療科または研修プログラム／カリキュラムは、前年度の時間外・休日労働時間数が960時間を超えた医師のいる診療科または研修プログラム／カリキュラムとします（計画期間中に、年間の時間外・休日労働時間数が960時間を超える医師が新たに生じた場合は、診療科または研修プログラム／カリキュラム単位で追加します）。

・年間の時間外・休日労働時間数の平均
・年間の時間外・休日労働時間数の最長
・年間の時間外・休日労働時間数960時間超～ 1,860時間の人数・割合
・年間の時間外・休日労働時間数1,860時間超の人数・割合

※　医師の自己申告等により把握した副業・兼業先の労働時間を通算した時間外・休日労働時間数であることに留意してください。

■図38　医師労働時間短縮計画（ひな型）

計画期間

対象医師

1．労働時間と組織管理（共通記載事項）

(1)　労働時間数

○年間の時間外・休日労働時間数の平均

○年間の時間外・休日労働時間数の最長

○年間の時間外・休日労働時間数 960 時間超～ 1,860時間の人数・割合

○年間の時間外・休日労働時間数1,860時間超の人数・割合

(2)　労務管理・健康管理

○労働時間管理方法

○宿日直許可の有無を踏まえた時間管理

○医師の研鑽の労働時間該当性を明確化するための手続等

○労使の話し合い、36協定の締結

○衛生委員会、産業医等の活用、面接指導の実施体制

○追加的健康確保措置の実施

(3)　意識改革・啓発

(4)　策定プロセス

※上記(1)から(4)の項目ごとに「前年度の取組実績」「当年度の取組目標」「計画期間中の取組目標」を記載する。((4)策定プロセスは除く。)

２．労働時間短縮に向けた取組（項目ごとに任意の取組を記載）

以下の項目ごとに、最低１つの取組を記載。

(1) タスク・シフト／シェア

例：・職種に関わりなく特に推進するもの
・職種毎に推進するもの

(2) 医師の業務の見直し

例：・外来業務の見直し
・宿日直の体制や分担の見直し
・オンコール体制の見直し
・主治医制の見直し

(3) その他の勤務環境改善

例：・ICT その他の設備投資
・出産・子育て・介護など、仕事と家庭の両立支援
・更なるチーム医療の推進

(4) 副業・兼業を行う医師の労働時間の管理

例：・副業・兼業先の労働時間も踏まえた勤務シフトの管理
・副業・兼業先との勤務シフトの調整
・副業・兼業先への医師労働時間短縮の協力要請

(5) C－１水準を適用する臨床研修医及び専攻医の研修の効率化

例：・教育カンファレンスや回診の効率化
・効果的な学習教材・機材の提供による学習環境の充実
・個々の医師に応じた研修目標の設定とこれに沿った研修計画の作成

※上記(1)から(5)の項目ごとに「計画策定時点での取組実績」「計画期間中の取組目標」を記載する。

出典：第12回医師の働き方改革の推進に関する検討会資料、令和３年７月１日。

※　各医療機関においては、上記の区分をさらに細かく区分けする等、医師の年間の時間外・休日労働時間数を適切に把握するための工夫をすることが望ましいとされています。
※　Ｃ－１水準における研修プログラム／カリキュラム内の各医療機関においては、当該医療機関における研修期間中の時間外･休日労働時間を年単位に換算して年間の時間外・休日労働時間数を算出します。

各医療機関においては、医師の労働時間短縮等に関する大臣指針に示された、国全体の労働時間の短縮目標である「医師の時間外労働短縮目標ライン」を目安に、労働時間数の目標を設定し、計画的な労働時間の短縮に取り組んでいくことが求められます。

【医師の時間外労働短縮目標ライン】

医師の時間外労働短縮目標ライン（以下「短縮目標ライン」という）は、令和17年度（2035年度）末を目途に地域医療確保暫定特例水準を解消するために、「全ての地域医療確保暫定特例水準適用医師が到達することを目指すべき時間外労働（休日労働を含む）の上限時間数の目標値」として設定されました。

短縮目標ラインは、各医療機関が着実に労働時間を短縮することができるよう、令和17年度（2035年度）末に年間の時間外・休日労働時間数が960時間以下となることを目指し、３年ごとの段階的な目標値を設定することとし、短縮目標ラインは、令和６年（2024年）４月時点における年間の時間外・休日労働時間数に応じて、**図39**のとおり設定することとされました。

※　各医療機関の状況に応じ、できる限り、令和17年度（2035年度）末よりも早い段階で年960時間の目標を達成できるよう取り組むことが望ましいとされています。

※　各医療機関の状況に応じ、年960時間に到達した医療機関については、さらなる勤務環境改善に取り組むことが望ましいとされています。

地域医療確保暫定特例水準の対象医療機関が、労働時間短縮計画において設定することとされている時間外・休日労働時間の上限時間数の目標は、この短縮目標ラインを目安に、各医療機関において設定し、労働時間短縮計画に基づく労働時間の短縮を行うこととされました。

国は、地域医療確保暫定特例水準について、段階的な見直しの検討を行いつつ、時間外・休日労働時間の上限時間数の必要な引き下げを実施するとともに、短縮目標ラインについても、３年ごとに見直しを検討することとされています。なお、地域医療確保暫定特例水準の上限時間数の引き下げは、短縮目標ラインとは別途見直しの検討を行い、また、連携Ｂ水準については、地域医療の確保の観点から、特にていねいに実態を踏まえて検討を行うこととされています。

■図39　医師の時間外労働短縮目標ライン

年度	短縮目標ライン			
	2024年４月時点での時間外労働時間：年ｔ時間	例①：年1,860時間の場合	例②：年1,560時間の場合	例③：年1,200時間の場合
2024	t	1,860	1,560	1,260
…	…	…	…	…
2027	t-（t-960）/ 4	1,635	1,410	1,185
…	…	…	…	…
2030	t- 2（t-960）/ 4	1,410	1,260	1,110
…	…	…	…	…
2033	t- 3（t-960）/ 4	1,185	1,110	1,035
…	…	…	…	…
2036	960	960	960	960

②　労務管理・健康管理

次のすべての項目について、①前年度の取組実績、②当年度の取組目標および③計画期間中の取組目標を記載します。B・連携B・C水準の指定申請に当たって作成する計画の案については、当該「計画の案」の作成時点における前年度の取組実績、指定を受けることを予定している年度の取組目標（令和６年度からの指定を申請する場合には令和６年度の取組目標）および計画期間中の取組目標を記載します。

・労働時間管理方法

　出退勤をどのように管理するか、ICカードや生体認証等の客観的な記録を基礎として確認しているか、医師の自己申告等により副業・兼業先の労働時間を把握する仕組みがあるか等

・宿日直許可の有無を踏まえた時間管理

　「断続的な宿直又は日直勤務の許可基準（昭和22年９月13日付発基第17号）」および「医師、看護師等の宿日直許可基準について（令和元年７月１日基発0701第８号）」に則り、労働基準法施行規則23条の宿日直許可を得ているか、「宿日直許可のある当直・日直」と「宿日直許可のない当直・日直」とを区別して管理し、後者の場合、労働時間として適正に把握しているか等

・医師の研鑽の労働時間該当性を明確化するための手続等

　「医師の研鑽に係る労働時間に関する考え方について（令和元年７月１日基発0701第９号）」に則り、医師の研鑽に関して、事業場における労働時間該当性を明確にするための手続および環境の整備を適切に管理しているか等

・労使の話し合い、36協定の締結

　労使間の協議の場を設けているか、36協定の過半数代表者を適正に選出する等、適切なプロセスを経て締結しているか等

・衛生委員会、産業医等の活用、面接指導の実施体制

　衛生委員会が設置され、定期的に開催されているか、健康診断

が適切に実施されているか、産業医や必要な講習を受けた面接指導実施医師を必要数確保しているか等

・追加的健康確保措置の実施（※）

連続勤務時間制限、勤務間インターバル、代償休息、面接指導等の追加的健康確保措置を行っているかどうか等

※　令和５年度末までの計画を作成する場合は、追加的健康確保措置はまだ義務付けられていないため、記載は任意。令和６年度以降の計画を作成する場合は、記載は必須ですが、B・連携B・C水準の指定申請に当たって作成する計画の案については、当該「計画の案」の作成時点における実施体制の整備の状況、指定を受けることを予定している年度の取組目標（令和６年度からの指定を申請する場合には令和６年度の取組目標）および計画期間中の取組目標を記載。すでに取組実績がある場合には併せて記載が可能。

③　意識改革・啓発

医師の働き方改革の推進は、管理者と個々の医師の意識改革が重要であり、次の項目のうち、最低一つの取組について、①前年度の取組実績、②当年度の取組目標および③計画期間中の取組目標を計画に記載します。ただし、次の項目は働き方改革に関する意識改革・啓発につながると思われる医療機関独自の取組に代えることも可能とされています。B・連携B・C水準の指定申請に当たって作成する計画の案については、①当該「計画の案」の作成時点における前年度の取組実績、②指定を受けることを予定している年度の取組目標（令和６年度からの指定を申請する場合には令和６年度の取組目標）および③計画期間中の取組目標を記載します。

・管理者マネジメント研修

病院長や診療科長等が管理者のマネジメント研修を受講しているか等

・働き方改革に関する医師の意識改革

働き方改革について医師の意見を聴く仕組みを設けているか、医療機関が進める働き方改革の内容について医師にきちんと周知

する仕組みが整っているか等

・医療を受ける者やその家族等への医師の働き方改革に関する説明

　医療を受ける者やその家族等に対し、医師の働き方改革を進めていること、それにより、外来等の場面で影響があることについて、理解を求める旨の掲示を行っているか等

④　作成プロセス

各職種が参加する委員会や会議、チーム等において計画の検討を行い、作成したか、また、計画の内容について医師にきちんと周知されているか等を記載します。

⑵　労働時間短縮に向けた取組（項目ごとに任意の取組を記載）（図38）

次の項目については、各医療機関の勤務する職員の状況や提供する診療業務の内容などに依るところが大きく、取組の実施可能性が医療機関ごとに大きく異なることが考えられます。このため、これらの項目については、①から⑤までのそれぞれにおいて、最低一つの取組について、❶計画作成時点における取組実績と❷計画期間中の取組目標を計画に記載します（計画の対象医師に副業・兼業を行う医師がいない場合には、④の記載は不要。C－１水準を適用する臨床研修医および専攻医がいない場合には、⑤の記載は不要）。B・連携Ｂ・Ｃ水準の指定申請に当たって作成する計画の案については、❶当該「計画の案」の作成時点で把握している取組実績および❷計画期間中の取組目標を記載します。

また、次の具体的取組は、あくまで例であるため、医療機関独自の取組に代えることも可能です。なお、①における取組を記載する際には、「現行制度の下で実施可能な範囲におけるタスク・シフト／シェアの推進について」（医政発0930第16号令和３年９月30日。後述）を参考にすること。

①　タスク・シフト／シェア

ア　看護師

・特定行為（38行為21区分）の実施

・事前に取り決めたプロトコールに基づく薬剤の投与、採血・検査の実施

・救急外来における医師の事前の指示や事前に取り決めたプロトコールに基づく採血・検査の実施

・血管造影・画像下治療（IVR）の介助

・注射、採血、静脈路の確保等

・カテーテルの留置、抜去等

・診察前の情報収集

イ　助産師

・院内助産

・助産師外来

ウ　薬剤師

・周術期の薬学的管理等

・病棟等における薬剤管理等

・事前に取り決めたプロトコールに沿って行う処方された薬剤の投与量の変更等

・薬物療法に関する説明等

・医師への処方提案等の処方支援

エ　診療放射線技師

・撮影部位の確認・検査オーダーの代行入力等

・血管造影・画像下治療（IVR）における補助行為

・放射線検査等に関する説明、同意書の受領

・放射線管理区域内での患者誘導

オ　臨床検査技師

・心臓・血管カテーテル検査、治療における直接侵襲を伴わない検査装置の操作

・病棟・外来における採血業務
・輸血に関する定型的な事項や補足的な説明と同意書の受領
・生体材料標本、特殊染色標本、免疫染色標本等の所見の報告書の作成

カ　臨床工学技士

・人工心肺を施行中の患者の血液、補液および薬剤の投与量の設定および変更
・全身麻酔装置の操作
・各種手術等において術者に器材や医療材料を手渡す行為
・生命維持管理装置を装着中の患者の移送

キ　理学療法士・作業療法士・言語聴覚士

・リハビリテーションに関する各種書類の記載・説明・書類交付

ク　医師事務作業補助者その他の職種

・診療録等の代行入力
・各種書類の記載
・医師が診察をする前に、医療機関の定めた定型の問診票等を用いて、診察する医師以外の者が患者の病歴や症状などを聴取する業務
・日常的に行われる検査に関する定型的な説明、同意書の受領
・入院時のオリエンテーション
・院内での患者移送・誘導

②　医師の業務の見直し

・外来業務の見直し
・宿日直の体制や分担の見直し
・宿日直中の業務の見直し
・オンコール体制の見直し
・主治医制の見直し

・副業・兼業先の労働時間も踏まえた勤務シフトの管理

③ その他の勤務環境改善

・ICT その他の設備投資

音声入力システムを導入している等

・出産・子育て・介護など、仕事と家庭の両立支援

短時間勤務、時差出勤、変形労働時間制の導入、宿日直の免除、院内保育・病児保育・学童保育・介護サービスの整備や利用料補助等

・さらなるチーム医療の推進

介護、福祉の関係職種との連携等

④ 副業・兼業を行う医師の労働時間の管理

・副業・兼業先の労働時間も踏まえた勤務シフトの管理（再掲）

・副業・兼業先との勤務シフトの調整

・副業・兼業先への医師労働時間短縮の協力要請

副業・兼業先における、宿日直許可基準に該当する場合の当該許可の取得、円滑な引継ぎ等によりできる限り予定していた時間内での勤務となるような配慮、派遣する医師が長時間労働となっている場合の医師の変更の受入等の協力要請

⑤ C－１水準を適用する臨床研修医および専攻医の研修の効率化

・教育カンファレンスや回診の効率化

・効果的な学習教材・機材の提供による学習環境の充実

・個々の医師に応じた研修目標の設定とこれに沿った研修計画の作成

※ 「研修の効率化」とは、単に労働時間を短くすることではなく、十分な診療経験を得る機会を維持しつつ、カンファレンスや自己研鑽などを効果的に組み合わせるに当たり、マネジメントを十分に意識し、労働時間に

対して最大の研修効果をあげることであることに留意してください。

■図40　作成例①：医師労働時間短縮計画（令和３～５年度を対象期間とする場合）

令和○年度　△○×病院　医師労働時間短縮計画（作成例）

※令和３・４・５年度用

※とふきだしは解説である

計画期間

令和○年○月～令和５年３月末

※始期は任意。

対象医師

△△科医師（●名）

□□科医師（●名）

１．労働時間と組織管理（共通記載事項）

※以下に記載の取組内容等は記載例としての参考である。

(1)　労働時間数

時間を記載（○時間△分）

△△科医師（●名）

年間の時間外・休日労働時間数	前年度実績	当年度目標	計画期間終了年度の目標
平均			
最長			
960時間超～ 1,860時間の人数・割合			
1,860時間超の人数・割合			

人数・割合を記載（○人・□%）

□□科医師（●名）

年間の時間外・休日労働時間数	前年度実績	当年度目標	計画期間終了年度の目標
平均			
最長			
960時間超～ 1,860時間の人数・割合			
1,860時間超の人数・割合			

(2) 労務管理・健康管理

【労働時間管理方法】

前年度の取組実績	出勤簿による自己申告
当年度の取組目標	出退勤管理に関して IC カード導入
計画期間中の取組目標	上記事項に取り組む

【宿日直許可の有無を踏まえた時間管理】

前年度の取組実績	特になし（許可は得ていない）
当年度の取組目標	労働基準法施行規則第23条の宿日直許可の取得手続を行う
計画期間中の取組目標	宿日直許可に基づき適切に取り組む

【医師の研鑽の労働時間該当性を明確化するための手続等】

前年度の取組実績	特になし
当年度の取組目標	事業場における労働時間該当性を明確にするための手続を周知し管理する
計画期間中の取組目標	上記事項に取り組む

【労使の話し合い、36協定の締結】

前年度の取組実績	協議の場として、労働時間等設定改善委員会を月１回開催する。労働者の過半数で組織する労働組合と協議・締結し、届け出た36協定を医局内に掲示する。
当年度の取組目標	上記事項に取り組む
計画期間中の取組目標	同上

【衛生委員会、産業医等の活用、面接指導の実施体制】

前年度の取組実績	・衛生委員会を月１回開催する ・健康診断を年２回実施する
当年度の取組目標	上記事項に取り組む。
計画期間中の取組目標	同上

【追加的健康確保措置の実施】

前年度の取組実績	ー※令和５年度末までの計画の場合は記載不要
当年度の取組目標	令和６年度を見据え、連続勤務時間制限、勤務間インターバル確保及び代償休息確保を可能とする勤務体制をシミュレートする。
計画期間中の取組目標	上記事項を受けて勤務体制を見直し、必要な体制（面接指導実施医師の確保、追加的健康確保措置を見据えた勤務管理ソフトの導入等）を組む

(3) 意識改革・啓発

【管理者マネジメント研修】

前年度の取組実績	特になし
当年度の取組目標	・国等が実施する病院長向けの研修会に病院長が参加する ・診療科長等向けに管理者のマネジメント研修を年１回開催し受講を促す
計画期間中の取組目標	上記事項に取り組む

(4) 策定プロセス

各職種（医師、看護師、●●、●●）から各代表○名が参画する勤務環境改善委員会を○ヶ月に○回開催し、この計画の検討を行い策定した。案の段階で、対象医師やタスク・シフト先となる職員等を集めた説明会を○回開催し、意見交換を実施するとともに、策定後には当該計画を医局のほか、各職種の職場に掲示している。

２．労働時間短縮に向けた取組（項目ごとに任意の取組を記載）

※１　以下のカテゴリーごとに、最低１つの取組を記載。

※２　以下に記載の取組内容等は記載例としての参考である。

(1) タスク・シフト／シェア

【看護師】

計画策定時点での取組実績	特になし
計画期間中の取組目標	特定行為研修を受講する看護師を○名以上に増加させる

【医師事務作業補助者】

計画策定時点での取組実績	医師事務作業補助者○人体制で医師の具体的指示の下、診療録等の代行入力を行う。
計画期間中の取組目標	医師事務作業補助者○人体制に増員し医師の具体的指示の下、診療録等の代行入力を行う

(2) 医師の業務の見直し

【宿日直の体制や分担の見直し】

計画策定時点での取組実績	特になし（診療科ごとの宿日直体制）
計画期間中の取組目標	診療科ごとの体制ではなく、交代で１日当直当たり２人体制とし、日当直しない診療科はオンコール体制とする

(3) その他の勤務環境改善

【ICT その他の設備投資】

計画策定時点での取組実績	特になし（未導入）
計画期間中の取組目標	音声入力システムを導入してカルテの一部を自動作成する

(4) 副業・兼業を行う医師の労働時間の管理

計画策定時点での取組実績	特になし
計画期間中の取組目標	副業・兼業先への労働時間短縮の協力要請を行い、勤務シフトの調整を行う

※本項目は副業・兼業を行う医師がいない場合には記載不要。

(5) Ｃ－１水準を適用する臨床研修医及び専攻医の研修の効率化

計画策定時点での取組実績	特になし
計画期間中の取組目標	個々の医師に応じた研修目標の設定とこれに沿った研修計画の作成を行う

出典：第12回医師の働き方改革の推進に関する検討会資料、令和３年７月１日。

■図41　作成例②：医師労働時間短縮計画の案（令和６年度に向け指定申請する場合）

令和６年度　△〇×病院　医師労働時間短縮計画の案（作成例）
※令和６年度に向けた指定申請用

※とふきだしは解説である

計画期間

令和６年４月～令和〇年〇月末
※５年以内の任意な期間を設定する。

対象医師

△△科医師（●名（B：●名／C－1：●名））
□□科医師（●名（連携B：●名／C－2：●名））

１．労働時間と組織管理（共通記載事項）

※以下に記載の取組内容等は記載例としての参考である。

※案策定時点の前年度実績を記載

(1)　労働時間数

時間を記載（〇時間△分）

△△科医師（●名（B：●名／C－1：●名））

年間の時間外・休日労働時間数	●年度実績	令和６年度目標	計画期間終了年度の目標
平均			
最長			
960時間超～1,860時間の人数・割合			
1,860時間超の人数・割合			

人数・割合を記載（〇人・□％）

□□科医師（●名（連携B：●名／C－2：●名））

年間の時間外・休日労働時間数	●年度実績	令和６年度目標	計画期間終了年度の目標
平均			
最長			
960時間超～1,860時間の人数・割合			
1,860時間超の人数・割合			

⑵ 労務管理・健康管理

【労働時間管理方法】

●年度の取組実績 ※案策定時点の前年度	出勤簿による自己申告
令和６年度の取組目標	出退勤管理に関してICカード導入
計画期間中の取組目標	上記事項に取り組む

【宿日直許可の有無を踏まえた時間管理】

●年度の取組実績 ※案策定時点の前年度	特になし（許可は得ていない）
令和６年度の取組目標	労働基準法施行規則第23条の宿日直許可の取得手続を行う
計画期間中の取組目標	宿日直許可に基づき適切に取り組む

【医師の研鑽の労働時間該当性を明確化するための手続等】

●年度の取組実績 ※案策定時点の前年度	特になし
令和６年度の取組目標	事業場における労働時間該当性を明確にするための手続を周知し、環境の整備を管理する
計画期間中の取組目標	手続を周知し適切に取り組む

【労使の話し合い、36協定の締結】

●年度の取組実績 ※案策定時点の前年度	協議の場として、労働時間等設定改善委員会を月１回開催する。労働者の過半数で組織する労働組合と協議・締結し、届け出た36協定を医局内に掲示する。
令和６年度の取組目標	上記事項に取り組む
計画期間中の取組目標	同上

【衛生委員会、産業医等の活用、面接指導の実施体制】

●年度の取組実績 ※案策定時点の前年度	・衛生委員会を月１回開催する ・健康診断を年２回実施する
令和６年度の取組目標	上記事項に取り組む
計画期間中の取組目標	同上

【追加的健康確保措置の実施】

※準備実績又は準備の予定を記載。先行して実施し実績がある場合には併せて記載。

令和６年度に向けた準備	令和５年度中に面接指導実施医師●名の確保（必要な研修の受講）を終える予定
令和６年度の取組目標	連続勤務時間制限、勤務間インターバル確保及び代償休息確保を可能とする勤務体制とし、対象医師への面接指導を漏れなく実施する
計画期間中の取組目標	上記事項に取り組む

(3) 意識改革・啓発

【管理者マネジメント研修】

前年度の取組実績	特になし
当年度の取組目標	・国等が実施する病院長向けの研修会に病院長が参加する ・診療科長等向けに管理者のマネジメント研修を年１回開催し受講を促す
計画期間中の取組目標	上記事項に取り組む

(4) 策定プロセス

各職種（医師、看護師、●●、●●）から各代表○名が参画する勤務環境改善委員会を○ヶ月に○回開催し、この計画の案の検討を行った。対象医師やタスク・シフト先となる職員等を集めた説明会を○回開催し、意見交換を実施するとともに、本計画の案は医局の他、各職種の職場に掲示している。※計画の案の段階ではあるが、令和６年度以降の取組の方向性を示すものであり、院内掲示等により周知を図ることが望ましい。

２．労働時間短縮に向けた取組（項目ごとに任意の取組を記載）

※１　以下のカテゴリーごとに、最低１つの取組を記載。

※２　以下に記載の取組内容等は記載例としての参考である。

(1) タスク・シフト／シェア

【看護師】

計画策定時点での取組実績	特になし
計画期間中の取組目標	特定行為研修を受講する看護師を○名以上に増加させる

【医師事務作業補助者】

計画策定時点での取組実績	医師事務作業補助者○人体制で医師の具体的指示の下、診療録等の代行入力を行う。
計画期間中の取組目標	医師事務作業補助者○人体制に増員し医師の具体的指示の下、診療録等の代行入力を行う

(2) 医師の業務の見直し

【宿日直の体制や分担の見直し】

計画策定時点での取組実績	特になし（診療科ごとの宿日直体制）
計画期間中の取組目標	診療科ごとの体制ではなく、交代で１日当直当たり２人体制とし、宿日直しない診療科はオンコール体制とする

(3) その他の勤務環境改善

【ICT その他の設備投資】

計画策定時点での取組実績	特になし（未導入）
計画期間中の取組目標	音声入力システムを導入してカルテの一部を自動作成する

(4) 副業・兼業を行う医師の労働時間の管理

計画策定時点での取組実績	特になし
計画期間中の取組目標	副業・兼業先への労働時間短縮の協力要請を行い、勤務シフトの調整を行う

※本項目は副業・兼業を行う医師がいない場合には記載不要。

(5) C－１水準を適用する臨床研修医及び専攻医の研修の効率化

計画策定時点での取組実績	特になし
計画期間中の取組目標	個々の医師に応じた研修目標の設定とこれに沿った研修計画の作成を行う

出典：第12回医師の働き方改革の推進に関する検討会資料、令和３年７月１日。

7　医療機関勤務環境評価センターによる評価との関係

B・連携B・C水準の対象医療機関として都道府県により指定を受ける場合には、当該指定を受けることを予定している年度を開始年度とした「計画の案」を作成し、事前に医療機関勤務環境評価センターによる評価を受審する必要があります。また、都道府県による当該医療機関の指定は、その評価結果を踏まえて行われることとなります。加えて、指定後は３年以内に一度の頻度で、医療機関勤務環境評価センターによる評価を受審する必要がありますが、その際には評価を受審する年度の計画が参照されます。

医療機関勤務環境評価センターの評価の対象は、医療機関における労働時間短縮の取組の状況（取組内容や取組実績、目標の達成状況等）および今後の取組の内容（目標や取組目標）であり、医療機関勤務環境評価センターは、計画の案や計画（以下単に「計画」といいます。）に記載された内容を参照して評価を行います。このため、計画にどのような内容を記載するのか、どのような目標を設定し、その達成のためにどのような取組目標を立てるのかが重要となります。

なお、令和５年度末までの間に、医療機関が努力義務に基づき作成する計画は、医療機関勤務環境評価センターの評価の対象外ですが、令和５年度末までの取組は、取組実績として、令和６年度を開始年度とする初回の指定に係る評価の際に参照されることとなります。

医療機関勤務環境評価センターによる具体的な評価項目と評価基準は、**図42**のとおりです。

■図42　医師の労働時間短縮の取組状況　評価項目と評価基準

※番号を○で囲んでいる項目が×の場合には評価保留とする。

1　医師の労働時間短縮に向けた労務管理体制の構築（ストラクチャー）

1.1　医師の労働時間短縮に求められる基本的労務管理体制

1.1.1　適切な労働管理体制の構築

1．労務管理に関する責任者を置き、かつ責任の所在とその役割を明確に示している	○ or ×
2．労務管理に関する事務の統括部署が明確に存在する	○ or ×
3．医師の自己研鑽の労働時間該当性のルールを定めている	○ or ×
④．追加的健康確保措置の体制を整備するために、勤務間インターバルと代償休息に関するルールをいずれも定めている	○ or ×
5．議事録または議事概要を院内で公開することが前提の多職種からなる役割分担推進のための委員会又は会議が設置されている	○ or × （勤務環境改善の委員会や働き方の改善ワーキンググループ等が存在し、議事録が公開されていれば○）

1.1.2　人事・労務管理の仕組みと各種規程の整備・届出・周知

⑥．就業規則、賃金規程を作成し、定期的に見直しを行い、変更を行った際には周知されている	○ or × （常に最新の状態を保っていれば○）
⑦．就業規則、賃金規程をいつでも医師が確認することができる	○ or × （各部署に配布、院内等に常時掲載しアクセス可能等であれば○）
8．育児・介護休業に関する規程を作成している	○ or ×
⑨．常勤・非常勤医師に対し、雇用契約を医師個人と締結し、雇用契約書又は労働条件通知書を書面で交付している	○ or × （メール等を用いた電子交付でも差し支えない）
⑩．常勤・非常勤医師に対し、入職時に、就業規則、賃金規程や労働時間の管理方法に関して、医師本人へ周知をしている	○ or × （オリエンテーション時にレクチャーを行う、またはマニュアル配布等をしていれば○）
⑪．宿日直許可の有無による労働時間の取扱い（「宿日直許可のある宿直・日直」と「宿日直許可のない宿直・日直」）を区別して管理している	○ or × （宿日直の時間が労働時間に該当するかがわかる資料があれば○）

1.1.3　適切な36協定の締結・届出

⑫．36協定では実態に即した時間外・休日労働時間数を締結し、届け出ている	○ or × （前年度の労働時間実績や労働時間短縮に向けた取組状況を確認した上で労使間の協議を行い、締結していれば○）
13．36協定を超えた時間外・休日労働が発生した場合の見直し方法があり、かつその方法に基づく見直しを実施している	○ or × （定めた時間を超過していた場合にどのように見直すかの手順が定められていれば○）
⑭．36協定の締結当事者となる過半数代表者が適切な選出プロセスを経て選出されている	○ or × （36協定を締結するための過半数代表者を選出することを明らかにしたうえで、投票、挙手などにより選出していれば○）

15. 36協定の締結に関して、医師（特にB水準、連携B水準及びC水準適用医師）から意見をくみ取る仕組みがある	○ or × （組合の意見として出てきてもよい、医師への個別ヒアリング等でも行っていれば○）

1.1.4　医師労働時間短縮計画の作成と周知

⑯ 医師を含む関係者が参加する合議体で議論を行い、医師労働時間短縮計画を作成している	○ or ×
17. 医師労働時間短縮計画の対象医師に対して、計画の内容について説明するとともに意見交換の場を設けている	○ or ×
18. 医師労働時間短縮計画を院内に掲示する等により、全ての職員に対して、医師労働時間短縮計画の内容を周知している	○ or ×
⑲ 1年に1回、PDCAサイクルの中で自己評価を行い、労働時間の目標や取組内容について必要な見直しを行っている	○ or ×

※19については新規のB水準、連携B水準及びC水準の指定に向けた評価の場合は除く。
※令和6年度からのB水準、連携B水準及びC水準の指定を受けることを予定している医療機関においては、令和6年度以降の医師労働時間計画の案の作成について評価を行う。

1.2　医師の勤務環境の適切な把握と管理に求められる労務管理体制

1.2.1　医師の労務管理における適切な労働時間の把握・管理体制

⑳ 評価を受ける医療機関における労働（滞在）時間を把握する仕組みがある	○ or × （客観的記録が望ましいが、日々の出勤状況と労働（滞在）時間を把握する仕組みがあり、実施していれば○）
21. 評価を受ける医療機関の滞在時間のうち労働ではない時間（主に自己研鑽）を把握する仕組みがある	○ or × （時間外労働の申告時に医療機関のルールに沿って自己研鑽を申告していれば○）
㉒ 副業・兼業先の労働時間の実績を、少なくとも月に1回は、申告等に基づき把握する仕組みがある	○ or ×
㉓ 副業・兼業先の労働時間を通算して、時間外・休日労働時間数及び勤務間インターバル確保の実施状況のいずれも管理している	○ or ×
㉔ 宿日直許可のある宿直・日直中に通常の勤務時間と同態様の業務に従事した場合には、事後的に休息を付与する配慮を行っている	○ or × （休暇の取得の呼びかけ等の休息の時間を確保するための何らかの取組を行っていれば○）
㉕ 勤務間インターバルの確保を実施できず、代償休息の付与の対象となる医師及び時間数を少なくとも月1回は把握する仕組みがある	○ or ×
26. 少なくとも月に2回、各診療部門の長または勤務計画管理者が管理下にある医師の労働時間について、把握する仕組みがある	○ or ×
27. 少なくとも月に1回は医師本人へ自身の労働時間について、フィードバックされる仕組みがある	○ or ×
28. 少なくとも月に1回は管理者、労務管理責任者及び事務統括部署が医療機関全体の医師の勤務状況について、把握する仕組みがある	○ or ×
29. 勤務実態に課題がある診療科や医師に対して、注意喚起を行う等、医師の労働時間短縮に向けた行動変容を起こす仕組みがある	○ or × （診療科長、本人との面談等、注意喚起を実施していれば○）

※23, 24については新規のB水準、連携B水準及びC水準の指定に向けた評価の場合は除く。

1.2.2　医師の面接指導及び就業上の措置の実施体制

㉚. 労働安全衛生法に基づき産業医が選任されている	○ or ×
㉛. 医師に対する面接指導の実施体制が整備されている	○ or ×
32. 面接指導対象医師が、必要に応じて、産業医に相談可能な体制が整備されている	○ or ×
33. 面接指導実施医師が、面接指導対象医師の直接の上司とならないような体制がとられている	○ or ×
34. 面接指導の実施にあたり、産業医、面接指導実施医師のみではなく、他職種がサポートする体制がある	○ or × (担当の人事職員の配置や健康管理センター等の組織の活用などがあれば○)
㉟. 月の時間外・休日労働が100時間以上になる面接指導対象医師を月単位で把握する仕組みがある	○ or × (80時間超で把握する仕組みや衛生委員会で把握できる等であれば○)
㊱. 月の時間外・休日労働が100時間以上になる面接指導対象医師へ面接指導の案内や連絡が確実に行える体制がある	○ or × (電話での連絡や、メールでも返信などで確認がとれていれば○)
37. 面接指導について、医師本人に加えて、所属長及びシフト管理者にも面接指導の実施についての連絡体制がある	○ or × (所属長についても、返信などの確認が取れていれば○)
㊳. 面接指導実施医師へ面接指導対象医師の勤務状況等、面接指導に必要な情報が提供されている	○ or ×
㊴. 対象の医師に面接指導が実施され、医療機関に結果が報告されている	○ or × (面接指導の結果の報告についての記録があれば○)
40. 面接指導実施医師が何らかの措置が必要と判定・報告を行った場合には、その判定・報告を最大限尊重し、就業上の措置を講じている	○ or ×
41. 就業上の措置が必要となった場合、当該医師の所属長と勤務計画管理者に対し、管理者、労務管理責任者又は委任された者や部署より通知し、措置を実施する体制がある	○ or ×

※36, 38, 39, 40については新規のB水準、連携B水準及びC水準の指定に向けた評価の場合は除く。

1.2.3　月の時間外・休日労働が155時間を超えた場合の措置の実施体制

㊷. 月の時間外・休日労働が155時間を超えた医師を月単位で把握する仕組みがある	○ or × (衛生委員会で把握できる等であれば○)
43. 月の時間外・休日労働が155時間を超えた場合、当該医師の所属長と勤務計画管理者に対し、管理者、労務管理責任者又は委任された者や部署より通知し、措置を実施する体制がある	○ or ×

1.3　産業保健の仕組みと活用

1.3.1　衛生委員会の状況

㊹. 衛生委員会が法令で定められた頻度・内容で開催されている	○ or × (月に1回、構成員も定められたとおりに招集していれば○)
45. 長時間労働の医師への対応状況の共有や対策等が検討されている	○ or × (衛生委員会の他、勤務環境改善の委員会や働き方の改善ワーキンググループなどで検討されていれば○)

1.3.2健康診断の実施状況

46. 医師に対する健康診断の実施率	○ or × (100%であれば○。ただし、どうしても健診受診を拒む医師がある場合等、正当な事由を記録に残していれば、100%でなくても○)
47. 健康診断の実施時には、受診しやすい選択肢を提示し、受診を促している	○ or × (受診可能期間を長めに設定したり、連携病院なども含め、どこでも受診可能としたり等の工夫があれば○)
48. B水準、連携B水準及びC水準適用医師については、健康診断の結果による追加検査や再受診が必要とされた場合の受診勧奨、その結果のフォローを行う体制がある	○ or × (全体的に受診勧奨の体制がある、本人へ連絡して促している等であれば○)

2 医師の労働時間短縮に向けた取組（プロセス）

2.1 医師の労働時間短縮に向けた取組の実施

2.1.1 医師の適切な勤務計画の作成

49. 勤務計画の対象月の時間外・休日労働時間が上限を超えないように勤務計画が作成されている	○ or ×
50. 法定休日が確保された勤務計画が作成されている	○ or × (週に1回の休日を設けるように作成されていれば○)
51. 副業・兼業先の労働時間を含めた勤務計画が作成されている	○ or × (副業・兼業先の宿日直許可の有無も申告等に基づき把握し、労働時間を含めて作成されていれば○)
52. 宿日直許可の有無による取扱いを踏まえた勤務計画が作成されている	○ or × (宿日直許可の有無による取扱いを踏まえて作成されていれば○)
53. 勤務間インターバルの確保が実施できるような勤務計画が作成されている	○ or ×
54. 代償休息を期限内に付与することができるような勤務計画が作成されている	○ or ×
55. 副業・兼業先までの移動時間を考慮し、休息の時間を配慮した勤務計画が作成されている	○ or × (移動時間とは別に、休息の時間を少しでも配慮して作成されていれば○)
56. 作成された勤務計画について、事務の統括部署が主体となった体制でダブルチェックが実施されている	○ or × (事務の統括部署が把握できていないのは×、医局秘書等の活用もOKであるが、主体的に把握する体制となっていれば○)

※49, 51, 52, 53, 54については、新規のB水準、連携B水準及びC水準の指定に向けた評価の場合に限り、それぞれを満たすような勤務計画を作成する体制が整備されていれば○とする。

2.1.2 医師の労働時間短縮に向けた研修・周知の実施

57. 少なくとも年に1回は、病院長を含む医療機関内の管理職層に対して、医療機関の管理者としての人事・労務管理に関する外部のマネジメント研修を受講、または外部からの有識者を招聘し研修を実施している	○ or ×

58. 各診療部門の長又は勤務計画管理者に対して、事務部門等が、評価を受ける医療機関における人事・労務管理の各種規程や勤務計画作成・管理に関する研修を少なくとも年に１回は実施している	○ or ×
59. 医師に対して、勤怠管理や当人が実施すべき内容（始業・退勤時刻の申告、副業・兼業先の労働時間の申告、時間外労働の自己研鑽部分のルール確認等）について、少なくとも年に１回周知している	○ or ×
60. Ｂ水準、連携Ｂ水準及びＣ水準適用医師に対しては、勤怠管理や当人が理解すべき内容（始業・退勤時刻の申告、健康管理の重要性、面接指導の受診、勤務間インターバル確保等）に関する研修が少なくとも年に１回は実施している	○ or ×

2.1.3　タスク・シフト／シェアの実施

61. 医師以外の職種へのタスク・シフト／シェア業務の適切な推進のために、院内のルールが定められている	○ or ×
62. 多職種からなる役割分担推進のための委員会又は会議でタスク・シフト / シェアについて検討している	○ or × （検討していれば○）
63. 特定行為研修修了者の活用等、特に推進するとされているタスク・シフト / シェアを少なくとも一つは実施している	○ or × （特に推進するものに入っている内容を一つでも実施していれば○）
64. その他の医師の労働時間短縮に効果的なタスク・シフト／シェアについて検討又は実施している	○ or × （検討していれば○）
65. タスク・シフト／シェアの実施に当たり、関係職種への説明会や研修を開催している	○ or ×
66. タスク・シフト / シェアについて、患者への説明が院内掲示等によって実施している	○ or ×

2.1.4　医師の業務の見直しの実施

67. 医療機関全体において、夜間帯の勤務体制について、労働時間短縮のための取組を少なくとも一つは実施している	○ or × （評価の要素に入っている内容を一つでも実施していれば○）
68. 医療機関全体において、休日の勤務体制について、労働時間短縮のための取組を少なくとも一つは実施している	○ or × （評価の要素に入っている内容を一つでも実施していれば○）
69. 会議やカンファレンスの効率化・合理化、勤務時間内の実施等、時間外労働の削減のための取組を少なくとも一つは実施している	○ or × （評価の要素に入っている内容を一つでも実施していれば○）

2.1.5　医師の勤務環境改善への取組の実施

70. 医師が短時間勤務等を希望した場合に受け入れ、活用できる環境がある	○ or × （短時間勤務医の勤務環境が整備されていれば○）
71. 医師が働きやすい子育て・介護の支援環境を整備している	○ or × （院内保育や保育・介護に関する補助等が整備されていれば○）
72. 女性医師等就労支援事業や復職支援事業への取組を実施、または相談窓口を設けている	○ or × （取組内容の程度は問わないが、何らかの取組の実施記録が確認出来れば○）

73. ICTを活用した医師の労働時間短縮や業務効率化の取組を検討又は実施している	○ or × (取組内容の程度は問わないが、何らかの取組を検討している記録があれば○)
74. 副業・兼業を行う医師について、副業・兼業先へ医師の休息時間確保への協力を、必要に応じて依頼している	○ or × (協力を依頼する兼業・副業先を把握していれば○)
75. (C-1水準を適用する臨床研修医・専攻医がいる場合)臨床研修医・専攻医について、研修の効率化の取組を少なくとも一つは実施している	○ or × (単に労働時間を短くすることではなく、労働時間に対して最大の研修効果をあげるような取組を一つでも実施していれば○)
76. (C-2水準を適用する医師がいる場合)技能研修計画の内容と、実際の業務内容や勤務実態が乖離するような場合に、当該医師からの相談に対応できる体制を設けている	○ or × (医師がC－2水準に関する労務相談ができる窓口を設けていれば○)

※76については新規のC水準の指定に向けた評価の場合は除く。

2.1.6　患者・地域への周知・理解促進への取組の実施

77. 医療機関の取組の中で、患者に理解を求める必要がある内容(診療時間外の病状説明の原則廃止、外来診療科の制限や時間短縮など)について、掲示やホームページ等で患者への周知が行われている	○ or ×
78. 近隣の医療機関に対し、病診連携等を意識した協同のメッセージや密なコミュニケーションを取っている	○ or × (研修会の実施、連携会議などを実施していれば○)

3　労務管理体制の構築と労働時間短縮の取組の実施後の評価(アウトカム)

3.1　労務管理体制の構築と労働時間短縮に向けた取組実施後の結果

3.1.1　医療機関全体の状況

79. B水準、連携B水準及びC水準適用医師の年間平均時間外・休日労働時間数	○ or × (前回評価時又は前年度から年間平均時間外・休日労働時間数が減少していれば○)
80. B水準、連携B水準及びC水準適用医師の年間最長時間外・休日労働時間数	○ or × (前回評価時又は前年度から年間最長時間外・休日労働時間数が減少していれば○)
81. 年間の時間外・休日労働が960時間超1860時間以下の医師の人数・割合・属性	○ or × (前回評価時又は前年度から人数・割合が減少していれば○)
82. 年間の時間外・休日労働が1860時間超の医師の人数・割合・属性	○ or × (令和5年度までの評価は、前年度から人数・割合が減少していれば○。令和6年度以降の評価では、0となっていれば○)
83. 勤務間インターバル確保の履行状況	○ or ×
84. 代償休息の付与状況	○ or ×
85. 面接指導対象医師に対する面接指導の実施状況	○ or ×
86. 月の時間外・休日労働が155時間を超えた医師に対する措置の実施状況	○ or ×

※83～86については新規のB水準、連携B水準及びC水準の指定に向けた評価の場合は除く。

3.1.2　医師の状況

87. 年に１回は職員満足度調査並びにＢ水準、連携Ｂ水準及びＣ水準適用医師からの意見収集を実施し、健康面と勤務へのモチベーション、医療提供体制に関する懸念事項等の内容について、情報を収集している	○ or × （職員満足度調査を併用し、該当医師からアンケートやヒアリング等で意見を収集し、把握していれば○）

3.1.3　患者の状況

88. 年に１回は患者満足度調査又は患者からの意見収集を実施し、医療の質の低下や医療機関が課題と捉える内容について、情報を収集している	○ or × （ヒアリング等でも○）

出典：「医療機関の医師の労働時間短縮の取組の評価に関するガイドライン（評価項目と評価基準）第１版」（令和４年４月厚生労働省）より作成。

8　主な労働時間短縮のための方策

医療機関の中には、医師の労働時間短縮計画を作成するに当たり、これまでいろいろ取り組まれ、今さら何をすればよいかわからないというところも多いと思います。

そこで、まず、次の各項目について、もう一度確認されることをお勧めします。

【勤務体制の見直し】

□主治医制からチーム制、複数主治医制の導入

□シフト制や変形労働時間制（**図43・44**）の導入

□各科当直から複数診療科によるグループ当直の導入

□オンコールの併用

□土日祝日の病棟業務等は当番医で対応（必要に応じて主治医が対応）

□土日のどちらかを法定休日として確保する体制の構築

＊　軽度のまたは短時間の業務であり、睡眠が確保できる宿日直業務については、宿日直許可の申請もあわせて検討

【タスク・シフト／シェア】

□短時間勤務の医師の活用

□医師事務作業補助者の活用

□特定行為研修を修了した看護師の活用

□助産師の活用

また、柴田綾子氏（淀川キリスト教病院 産婦人科医）より、「『職場の労働環境を改善する10の方法』と実践のコツ!!」（**図45**）が示されていますので、参考にしてみてください。

■図43　変形労働時間制（１か月単位）

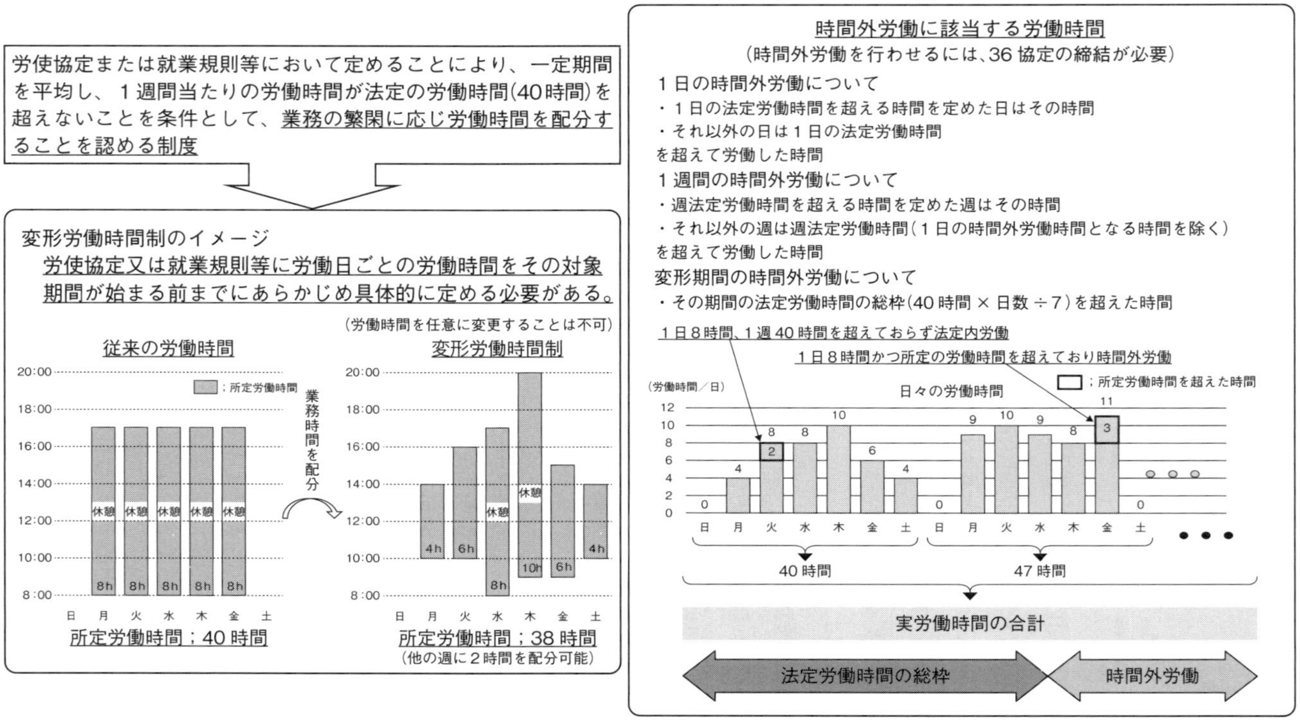

出典：第15回医師の働き方改革の推進に関する検討会参考資料４、令和３年９月15日。

■図44　変形労働時間制

特定の週における活用のイメージ。当該週を含めた特定の期間において法定労働時間の総枠を超えた時間について、時間外労働となる。

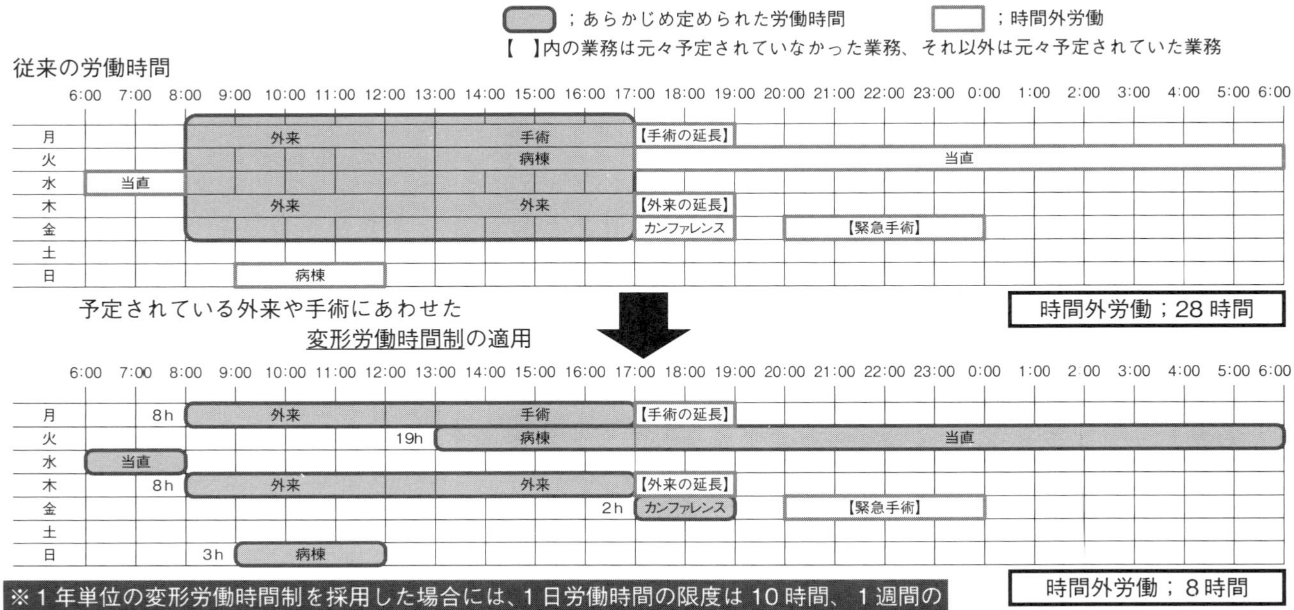

※1年単位の変形労働時間制を採用した場合には、1日労働時間の限度は10時間、1週間の労働時間の限度は52時間、1年間の労働日数の限度は280日となる

出典：第15回医師の働き方改革の推進に関する検討会参考資料4、令和3年9月15日。

■図45　「職場の労働環境を改善する10の方法」と実践のコツ

「職場の労働環境を改善する 10 の方法」と実践のコツ！！

柴田綾子（淀川キリスト教病院産婦人科医）

看護師さんの
理解＆協力が
非常に重要

1．病状説明は勤務時間内におこなう（まずは院内掲示を！）
2．当直帯の申し送りを仕組み化（申し送り時間帯の設定から）
3．時間外の主治医対応を廃止（時間外の相談先医師を看護師さんとも共有を）
4．平日の有休取得推奨を徹底（全員の休暇予定を見える化）
5．カンファレンスを勤務時間内におこなう（司会役の設定、Web 活用も）
6．情報共有ツールの導入（メーリングリスト活用でも！アプリはより便利♪毎日の業務内容（代診・当直明け医師の確認）、当直申し送り、緊急手術等の共有。）
7．当直明けに仕事を割り振らない（当直中の入院患者は翌朝に担当医師決定、当直翌日は手術や外来を交代⇒できなかったら、代休取得）
8．主治医制からチーム制へ（複数担当医制の導入からでも！複数の目で質向上にも）
9．医療事務の導入・多職種連携！（タスクシフト先の負担軽減にも留意）
10.「思い込み」を捨てる（無理という思い込みが最大障壁。段階的導入で乗り越える）

出典：令和３年度都道府県医療勤務環境改善担当課長会議資料、令和３年６月９日。

9　タスク・シフト／シェア

厚生労働省は、「現行制度の下で実施可能な範囲におけるタスク・シフト/シェアの推進について（令和3年9月30日医政発0930第16号医政局長通知）」により、現行制度の下で医師から他の医療関係職種へのタスク・シフト/シェアが可能な業務の具体例やタスク・シフト/シェアを推進するに当たっての留意点等を整理しました。

ここで示されている医師から他の医療関係職種へのタスク・シフト/シェアが可能な業務の具体例をもとに、チェックリストを作成しました（**図46**）。

各医療機関においては、このチェックリストにより、医師から他の医療関係職種へのタスク・シフト/シェアが可能な業務が残されていないか、確認してみてください。

■図46　現行制度の下で医師から他の医療関係職種へのタスク・シフト／シェアが可能な業務のチェックリスト

職種	項目	具体的な業務内容	チェック
看護師	①特定行為（38行為21区分）の実施	特定行為研修を修了した看護師は、人工呼吸管理や持続点滴中の降圧剤や利尿剤等の薬剤の投与量の調整、中心静脈カテーテルの抜去や末梢留置型中心静脈注射用カテーテルの挿入等の特定行為について、その都度医師の指示を求めることなく、医師が予め作成した手順書（医師による包括的指示の形態の一つ）により行うことが可能。	□
	②事前に取り決めたプロトコール（※）に基づく薬剤の投与、採血・検査の実施 （※）「プロトコール」とは、事前に予測可能な範囲で対応の手順をまとめたもの。 （診療の補助においては、医師の指示となるものをいう。）以下同じ。	①対応可能な病態の変化の範囲、②実施する薬剤の投与、採血・検査の内容及びその判断の基準、③対応可能な範囲を逸脱した場合の医師への連絡等について、医師と看護師との間で事前にプロトコールを取り決めておき、医師が、診察を行った患者について、病態の変化を予測し、当該プロトコールを適用する（患者の状態に応じてプロトコールの一部を変更して適用する場合を含む。）ことを指示することにより、看護師は、患者の状態を適切に把握した上で、患者の状態を踏まえた薬剤の投与や投与量の調整、採血や検査の実施について、必ずしも実施前に再度医師の確認を求めることなく、当該プロトコールに基づいて行うことが可能。	□
	③救急外来における医師の事前の指示や事前に取り決めたプロトコールに基づく採血・検査の実施	救急外来において、①対応可能な患者の範囲、②対応可能な病態の変化の範囲、③実施する採血・検査の内容及びその判断の基準、④対応可能な範囲を逸脱した場合の医師への連絡等について、医師が看護師に事前に指示を出しておく、又は医師と看護師との間で事前にプロトコールを取り決めておくことにより、救急外来の患者について、医師が診察を行う前であっても、看護師が、医師の事前の指示やプロトコールに基づいて採血・検査を行うことが可能。	□
	④血管造影・画像下治療（IVR）の介助	血管造影・画像下治療において、看護師は、医師の指示の下、診療の補助として、造影剤の投与や、治療終了後の圧迫止血等の行為を行うことが可能。ただし、エックス線撮影等の放射線を照射する行為については、医師又は医師の指示の下に診療放射線技師が行うことが必要。	□
	⑤注射、採血、静脈路の確保等	静脈注射・皮下注射・筋肉注射（ワクチン接種のためのものを含む。）、静脈採血（静脈路からの採血を含む）、動脈路からの採血、静脈路確保、静脈ライン・動脈ラインの抜去及び止血については、診療の補助として、医師の指示の下に看護師が行うことが可能。（小児・新生児に対して行う場合も含む。）	□
	⑥カテーテルの留置、抜去等の各種処置行為	尿道カテーテル留置、末梢留置型中心静脈注射用カテーテルの抜去、皮下埋め込み式CVポートの穿刺、胃管・EDチューブの挿入及び抜去、手術部位（創部）の消毒、鶏眼処置、創傷処置、ドレッシング抜去、抜糸、軟膏処置、光線療法の開始・中止については、診療の補助として、医師の指示	□

		の下に看護師が行うことが可能。（小児・新生児に対して行う場合も含む。）	
看護師	⑦診察前の情報収集	病歴聴取、バイタルサイン測定、服薬状況の確認、リスク因子のチェック（必要に応じてチェックシート等を活用）、検査結果の確認等の診察前の情報収集については、知識及び技能を有する看護師が、医師との適切な連携の下で、医師による診察前に行い、診察を行う医師にその結果を報告することが可能。（看護師が報告した結果に基づく病状等の診断については、医師が行うことが必要。） また、患者が休日や夜間に診療を求めて救急に来院した場合、事前に医師との連携の下で診療の優先順位の決定（トリアージ）に係る具体的な対応方針を整備しておくことにより、看護師が、当該対応方針に基づき、病歴聴取、バイタルサイン測定等の結果を踏まえて、診療の優先順位の判断を行うことも可能。	□
助産師	①院内助産 ②助産師外来	「院内助産・助産師外来ガイドライン2018」（※）を参考に、院内助産の開設・運営に取り組むことにより、助産師の専門性を積極的に活用。 （※）平成29年度厚生労働省看護職員確保対策特別事業「院内助産・助産師外来ガイドライン2018」 （https：//www.mhlw.go.jp/stf/seisakunitsuite/bunya/0000187231.html）	□
薬剤師	①周術期における薬学的管理等	ア　手術前における、患者の服用中の薬剤、アレルギー歴及び副作用歴等の確認、術前中止薬の患者への説明、医師・薬剤師等により事前に取り決めたプロトコールに基づく術中使用薬剤の処方オーダーの代行入力（※）、医師による処方後の払出し （※）「代行入力」とは、医師が確認・署名等を行うことを前提に、医師以外の者が電子カルテに処方や検査の指示等を入力することを指す。薬剤師においては、必要に応じて、疑義照会や処方提案を行う。以下同じ。	□
		イ　手術中における、麻酔薬等の投与量のダブルチェック、鎮痛薬等の調製	□
		ウ　手術後における、患者の状態を踏まえた鎮痛薬等の投与量・投与期間の提案、術前中止薬の再開の確認等の周術期の薬学的管理	□
	②病棟等における薬学的管理等	ア　病棟配置薬や調剤後の薬剤の管理状況の確認	□
		イ　高カロリー輸液等の調製、患者に投与する薬剤が適切に準備されているかの確認、配合禁忌の確認や推奨される投与速度の提案	□
	③事前に取り決めたプロトコールに沿って行う処方された薬剤の投与量の変更等	薬剤師が、医師・薬剤師等により事前に取り決めたプロトコールに基づき、薬物治療モニタリング（TDM）や検査のオーダーを医師等と協働して実施し、医師の指示により実施された検査の結果等を確認することで、治療効果等の確認を行い、必要に応じて、医師に対する薬剤の提案、医師による処方の範囲内での薬剤の投与量・投与期間（投与間隔）の変更を行うことは可能。投与量・投与期間（投与間隔）の変更を行った場合は、医師、看護師等と十分な情報共有を行うことが必要。 また、薬剤師が、医師・薬剤師等により事前に取	□

薬剤師		り決めたプロトコールに基づき、薬物療法を受けている患者に対する薬学的管理（相互作用や重複投薬、配合変化、配合禁忌等に関する確認、薬剤の効果・副作用等に関する状態把握、服薬指導等）を行い、その結果を踏まえ、必要に応じて、服薬方法の変更（粉砕、一包化、一包化対象からの除外等）や薬剤の規格等の変更（内服薬の剤形変更、内服薬の規格変更及び外用薬の規格変更等）を行うことは可能。こうした変更を行った場合、医師、看護師等と十分な情報共有を行うことが必要。 なお、病状が不安定であること等により専門的な管理が必要な場合には、医師と協働して実施することが必要。 このほか、薬剤師が、医師・薬剤師等により事前に取り決めたプロトコールに基づき、入院患者の持参薬について、院内採用の同種同効薬への変更処方オーダーの代行入力を行い、医師による処方後、払出すことは可能。	
	④薬物療法に関する説明等	医師による治療方針等の説明後の薬物療法に係る治療スケジュール、有効性及び副作用等の患者への説明や、副作用軽減のための対応方法と記録の実施等についての患者への説明については、薬剤師を積極的に活用。 また、患者の苦痛や不安を軽減するため、薬物療法に関して、必要に応じて患者の相談に応じ必要な薬学的知見に基づく指導を行うなどの対応についても、薬剤師を積極的に活用。	□
	⑤医師への処方提案等の処方支援	入院患者について、薬剤師が、医師に対して処方提案等の処方支援を行うに当たっては、必要に応じて、以下のような取組を行うことが可能。 ・患者の入院時に持参薬を確認するとともに、複数の内服薬が処方されている患者であって、薬物有害事象の存在や服薬過誤、服薬アドヒアランス低下等のおそれのある患者に対しては、処方の内容を総合的に評価。 ・アレルギー歴及び副作用歴等を確認するとともに、医師と綿密に連携し、診療録等による服薬内容、バイタルサイン（血圧、脈拍、体温等）及び腎機能、肝機能に関する検査結果の確認、回診・カンファレンスの参加等により患者の状態を把握した上で処方提案等の処方支援を実施。 ・外来診療の場面においても、医師の診察の前に、残薬を含めた服薬状況や副作用の発現状況等について、薬学的な観点から確認を行い、必要に応じて医師へ情報提供。	□
	⑥糖尿病患者等における自己注射や自己血糖測定等の実技指導	薬剤師が、服薬指導の一環として、糖尿病患者等の自己注射や自己血糖測定等について、練習用注射器等を用いて、注射手技等の実技指導を行い、患者が正しい手順で注射できているか否かなどの確認等を行うことは可能。ただし、薬剤師が患者に対して注射等の直接侵襲を伴う行為を行うことはできない。	□
診療放射線技師	①撮影部位の確認・検査オーダーの代行入力等	放射線検査について、診療放射線技師が、医師の事前の具体的指示に基づき、撮影部位を確認して検査オーダーを代行入力すること及び追加撮影が必要となった場合に追加撮影のための検査オーダーを代行入力することは可能。	□

診療放射線技師		また、診療放射線技師が実施した検査画像に異常所見が認められた場合に、診療放射線技師が、その客観的な情報について医師に報告することは可能。ただし、当該所見に基づく病状等の判断は医師が行う必要がある。	
	②画像誘導放射線治療（IGRT）における画像の一次照合等	画像誘導放射線治療において、診療放射線技師が、医師の具体的指示の下、画像の一次照合を行い、照合画像から照射位置精度を確認した上で、放射線の照射を行うことは可能。ただし、照射位置の許容（値）範囲を超えた場合は、診療放射線技師は速やかに医師に報告し、照射の継続又は中断についての判断は医師が行うことが必要。診療放射線技師は、照合結果を記録し管理することが必要。	□
	③放射線造影検査時の造影剤の投与、投与後の抜針・止血等	放射線造影検査において、診療放射線技師は、医師の具体的指示の下、診療の補助として、造影剤注入装置の静脈路への接続、造影剤の投与のための造影剤注入装置の操作、投与終了後の抜針及び止血を行うことが可能。	□
	④血管造影・画像下治療（IVR）における補助行為	血管造影・画像下治療において、術者である医師がカテーテルやガイドワイヤー等の位置を正確に調整できるよう、診療放射線技師が、当該医師の具体的指示の下、血管造影装置や CT 等の画像診断装置の操作を行い、当該医師に必要な画像を提示することは可能。 このほか、血管造影・画像下治療における医師の補助としては、カテーテルやガイドワイヤー等を使用できる状態に準備する行為や、医師に手渡しする行為、カテーテル及びガイドワイヤー等を保持する行為、医師が体内から抜去したカテーテル及びガイドワイヤー等を清潔トレイ内に安全に格納する行為等の医行為に該当しない補助行為についても、清潔区域への立入り方法等について医師・看護師の十分な指導を受けた後は、診療放射線技師が行うことが可能。 また、術前の血管造影の定型的手技や放射線被曝についての患者への説明、医療機関の定めるチェックリストに沿って行う採血結果、服薬状況、リスクファクター等の確認と医師への報告についても、放射線の検査等に関する専門的な知識を有する診療放射線技師を活用。	□
	⑤病院又は診療所以外の場所での医師が診察した患者に対するエックス線の照射	医師が診察した患者について、診療放射線技師が、その医師の指示を受け、病院又は診療所以外の場所に出張してエックス線（百万電子ボルト未満のエネルギー）の照射を行うことは可能。	□
	⑥放射線検査等に関する説明、同意書の受領	放射線検査等（一般撮影検査、CT 検査、MRI 検査、核医学検査、超音波検査）の実施に当たって、放射線検査等の目的や必要性、具体的な手法、放射線被曝、造影剤の副作用、安全性について、患者に適切に説明した上で、必要に応じて同意書を受領することについては、放射線検査等に関する専門的な知識や技能を有する診療放射線技師を積極的に活用。	□
	⑦放射線管理区域内での患者誘導	放射線管理区域内への患者の誘導や、放射性医薬品投与後の安静待機室への誘導など、放射線管理区域内での患者の誘導については、放射線管理に	□

診療放射線技師		関する専門的な知識や技能を有する診療放射線技師を積極的に活用。	
	⑧医療放射線安全管理責任者	病院等における常勤の医師又は歯科医師が放射線診療における正当化を、また、常勤の診療放射線技師と協力し放射線診療における最適化を担保し、当該医師又は歯科医師が当該診療放射線技師に対して適切な指示を行う体制を確保している場合に限り、当該病院等については診療放射線技師を責任者とすることも可能。	□
臨床検査技師	①心臓・血管カテーテル検査、治療における直接侵襲を伴わない検査装置の操作	心臓・血管カテーテル検査・治療において、臨床検査技師が、医師の指示の下、超音波検査（血管内超音波検査を含む。）や心電図検査、心腔内・血管内の血圧等の観察・測定等における直接侵襲を伴わない検査装置の操作を行うことは可能。	□
	②負荷心電図検査等における生体情報モニターの血圧や酸素飽和度などの確認	負荷心電図検査等の実施に当たって、臨床検査技師が、医師の指示の下、検査実施前に、患者に装着されている生体情報モニターの血圧や酸素飽和度などのバイタルサインを確認し、医師等と事前に取り決められた範囲の値になっているかを確認し、範囲内の場合に検査を実施することは可能。検査実施中に異常等が認められた場合には、速やかに医師に報告することが必要。	□
	③持続陽圧呼吸療法導入の際の陽圧の適正域の測定	睡眠時無呼吸症候群に対する持続陽圧呼吸療法導入の際に、臨床検査技師が、医師の指示の下、陽圧の適正域を測定し、調整する行為（脳波、心電図、呼吸の気流を検知するフローセンサー、いびき音を拾うマイクロフォン、胸壁・腹壁の拡張を検知する圧センサーの装着・脱着を含む。）を行うことは可能。	□
	④生理学的検査を実施する際の口腔内からの喀痰等の吸引	生理学的検査を安全かつ適切に実施する上で必要となる喀痰等の吸引については、臨床検査技師等に関する法律（昭和33年法律第76号）第２条の「生理学的検査」に含まれるものと解され、医師の指示の下に臨床検査技師が行うことは可能。 臨床検査技師が、生理学的検査を実施する上で必要な喀痰等の吸引を行うに当たっては、養成機関や医療機関等において必要な教育・研修等を受けた臨床検査技師が実施することとするとともに、医師の指示の下、他職種との適切な連携を図るなど、臨床検査技師が当該行為を安全に実施できるよう留意。	□
	⑤検査にかかる薬剤を準備して、患者に服用してもらう行為	検査の実施に当たって、医師が処方・指示した調剤済みの薬剤を患者に渡し、服用してもらう行為は、医行為に該当せず、臨床検査技師が当該行為を行うことは可能。具体的には、糖負荷試験にかかるブドウ糖液や脳波検査にかかる睡眠導入剤、尿素呼気試験にかかる尿素錠を患者に渡し服用してもらう行為や、気道可逆性検査（呼吸機能検査）にかかる気管支拡張剤を患者に吸入してもらう行為。ただし、異常な所見等が見られた場合には医師が適切に対応できる体制の下で行うことが必要。	□
	⑥病棟・外来における採血業務	病棟・外来において、医師の具体的指示の下に、診療の補助として採血（血液培養を含む検体採取）を行うことが可能。	□

臨床検査技師	⑦血液製剤の洗浄・分割、血液細胞（幹細胞等）・胚細胞に関する操作	アレルギー反応を呈する患者や小児・新生児において有効に血液製剤を使用するための血液製剤の洗浄・分割、血液細胞（幹細胞等）・胚細胞に関する操作について、血液製剤や細胞治療の管理等に関する専門的な知識・技術を有する臨床検査技師を積極的に活用。	□
	⑧輸血に関する定型的な事項や補足的な説明と同意書の受領	輸血の実施に当たって、輸血の必要性や輸血を行わない場合の危険性、輸血後の副作用等のリスク等について、患者に適切に説明した上で、同意書を受領することについては、輸血関連業務等に関する専門的な知識を有する臨床検査技師を積極的に活用。具体的には、臨床検査技師が、医師の説明等の前後において、医療機関が定めた輸血に関する定型的な説明事項（輸血療法や輸血関連検査の意義、輸血後の副作用等のリスク等）や補足的な事項についての説明を行い、医師と患者、家族等が十分な意思疎通をとれるよう調整するとともに、輸血の同意書を受領すること。	□
	⑨救急救命処置の場における補助行為の実施	救急救命処置の場において、臨床検査技師等に関する法律により診療の補助として実施することができるとされている生理学的検査や採血等に加え、患者の移送や血圧測定等の医行為に含まれない補助行為についても実施することが可能。	□
	⑩細胞診や超音波検査等の検査所見の記載	細胞診や超音波検査等の検査所見を報告書に記載し、医師に報告することは可能。ただし、当該所見に基づく病状等の判断は医師が行うことが必要。	□
	⑪生検材料標本、特殊染色標本、免疫染色標本等の所見の報告書の作成	病理組織検査において、病理医の指示の下、生検材料標本の組織所見、特殊染色標本の染色態度の評価、免疫染色標本等の染色態度の評価又は陽性細胞の計数・定量判定等についての報告書を作成することは可能。臨床検査技師により作成された報告書については、病理医の確認と承認を受けた上で、臨床医へ報告されることが必要。	□
	⑫病理診断における手術検体等の切り出し	病理診断における手術検体等の切り出し（検体の写真撮影、組織片切り出し、カセット詰など）については、病理医との適切な連携の下で、検体採取や検体の管理等に関する専門的な知識・技術を有する臨床検査技師を積極的に活用。	□
	⑬画像解析システムの操作等	病理組織標本のうち、生検検体の標本や病理医が指定した手術検体の標本をスキャナーで取り込む作業、当該画像データの保管・管理、適切に画像を記録するために必要な装置の調整と管理については、検体の管理等に関する専門的な知識・技術を有する臨床検査技師を積極的に活用。	□
	⑭病理解剖	病理解剖に関して必要な知識及び技能を有する臨床検査技師が、死体解剖保存法（昭和24年法律第204号）に基づき、解剖をしようとする地の保健所長の許可を受けて、病理解剖を行うことは可能。また、臨床検査技師が同法に基づく厚生労働大臣より死体解剖資格の認定を受けている場合は、保健所長の許可を受けることなく、病理解剖を行うことが可能。なお、臨床検査技師が病理解剖を行う場合において、臨床検査技師が標本の所見を客観的に記述することは可能であるが、当該所見に基づく死亡の原因についての判断については、医師が行うことが必要。	□

臨床工学技士	①心臓・血管カテーテル検査・治療時に使用する生命維持管理装置の操作	心臓・血管カテーテル検査・治療において、医師の具体的な指示の下、診療の補助として、生命維持管理装置を操作し、運転条件と監視条件の設定及び変更を行うことは可能。	□
	②人工呼吸器の設定変更	医師の具体的な指示の下、診療の補助として、人工呼吸器を操作し、運転条件と監視条件の設定及び変更を行うことは可能。	□
	③人工呼吸器装着中の患者に対する動脈留置カテーテルからの採血	人工呼吸器の操作を安全かつ適切に実施する上で必要となるカテーテル採血については、臨床工学技士法（昭和62年法律第60号）第２条第２項の「生命維持管理装置の操作」に含まれるものと解され、医師の具体的指示の下に行うことが可能。 カテーテル採血の実施に当たっては、養成機関や医療機関等において必要な教育・研修等を受けた臨床工学技士が実施することとするとともに、医師の具体的指示の下、他職種との適切な連携を図るなど、臨床工学技士が当該行為を安全に実施できるよう留意。	□
	④人工呼吸器装着中の患者に対する喀痰等の吸引	人工呼吸器の操作を安全かつ適切に実施する上で必要となる喀痰等の吸引については、臨床工学技士法第２条第２項の「生命維持管理装置の操作」に含まれるものと解され、医師の指示の下に行うことが可能。 喀痰等の吸引の実施に当たっては、養成機関や医療機関等において必要な教育・研修等を受けた臨床工学技士が実施することとするとともに、医師の指示の下、他職種との適切な連携を図るなど、臨床工学技士が当該行為を安全に実施できるよう留意。	□
	⑤人工心肺を施行中の患者の血液、補液及び薬剤の投与量の設定及び変更	人工心肺を施行中の患者に対し、医師の具体的な指示の下、診療の補助として、人工心肺装置を操作し、血液、補液及び薬剤の投与量の設定及び変更を行うことは可能。	□
	⑥血液浄化装置を操作して行う血液、補液及び薬剤の投与量の設定及び変更	血液浄化装置を施行中の患者に対し、医師の具体的な指示の下、診療の補助として、血液浄化装置を操作し、血液、補液及び薬剤の投与量の設定及び変更を行うことは可能。	□
	⑦血液浄化装置のバスキュラーアクセスへの接続を安全かつ適切に実施する上で必要となる超音波診断装置によるバスキュラーアクセスの血管径や流量等の確認	血液浄化装置のバスキュラーアクセスへの接続を安全かつ適切に実施する上で必要となる超音波診断装置を用いたバスキュラーアクセスの血管径や流量等の確認については、臨床工学技士法第２条第２項の「生命維持管理装置の先端部の身体への接続」に含まれるものと解され、医師の具体的指示の下に行うことが可能。 超音波診断装置を用いたバスキュラーアクセスの血管径や流量等の確認に当たっては、養成機関や医療機関等において必要な教育・研修等を受けた臨床工学技士が実施することとするとともに、医師の具体的指示の下、他職種との適切な連携を図るなど、臨床工学技士が当該行為を安全に実施できるよう留意。	□
	⑧全身麻酔装置の操作	全身麻酔装置については、臨床工学技士法第２条第１項の「生命維持管理装置」に該当すると解さ	□

		れ、医師の具体的な指示の下、診療の補助として、全身麻酔装置を操作し、人工呼吸に係る運転条件と監視条件の設定及び変更を行うことは可能。	
	⑨麻酔中にモニターに表示されるバイタルサインの確認、麻酔記録の記入	医師が最終的に確認し署名（又は電子署名）することを条件に、モニター等に表示されるバイタルサインを確認し、麻酔記録に記入（代行入力）することは可能。ただし、異常な所見等が見られた場合には医師が適切に対応できる体制の下で行うことが必要。	□
	⑩全身麻酔装置の使用前準備、気管挿管や術中麻酔に使用する薬剤の準備	全身麻酔装置の準備（使用前点検を含む）、気管挿管等の準備、術中麻酔等に使用予定の薬剤のピッキング、溶解・希釈及びシリンジへの充填等については、全身麻酔装置を含む生命維持管理装置の操作や保守点検を担っている臨床工学技士を積極的に活用。	□
臨床工学技士	⑪手術室や病棟等における医療機器の管理	手術室や病棟等で使用する医療機器について、輸液ポンプやシリンジポンプ、心電図モニター等の生命維持管理装置に該当しない医療機器であっても、保守点検、トラブルシューティング及び管理（中央管理方式では貸出・返却、使用歴の確認、不足時の補充等）を行うことは可能。	□
	⑫各種手術等において術者に器材や医療材料を手渡す行為	各種手術（例：整形外科、心臓血管外科）、各種検査・処置（例：心・血管カテーテル検査・治療、内視鏡検査・治療、中心静脈カテーテル留置、胃管挿入）において、必要な器材や医療材料を準備し、術者である医師等に手渡す行為については、清潔区域への立入り方法等について医師・看護師の十分な指導を受けた臨床工学技士を積極的に活用。	□
	⑬生命維持管理装置を装着中の患者の移送	生命維持管理装置を装着中の患者の院内での移送については、生命維持管理装置のアクセスルート（例：人工呼吸の気管チューブやECMO装置の脱血・送血カニューラ）の抜去等がないよう特に配慮する必要があり、生命維持管理装置の操作や保守点検を担っている臨床工学技士を積極的に活用。	□
理学療法士	リハビリテーションに関する各種書類の記載・説明・書類交付	リハビリテーションに関する各種書類については、作成責任は医師が負うこととされているものについても、医師が最終的に確認又は署名（電子署名を含む。）することを条件に、書類を記載することや、当該書類について患者等への説明や交付を行うことは可能。	□
作業療法士	①リハビリテーションに関する各種書類の記載・説明・書類交付	リハビリテーションに関する各種書類については、作成責任は医師が負うこととされているものについても、医師が最終的に確認又は署名（電子署名を含む。）することを条件に、書類を記載することや、当該書類について患者等への説明や交付を行うことは可能。	□
	②作業療法を実施するに当たっての運動、感覚、高次脳機能（認知機能を含む）、ADL等の評価等	作業療法（ADL・IADL訓練、職業関連活動の訓練、福祉用具の使用等に関する訓練、退院後の住環境への適応訓練、発達障害や高次能障害等に対するリハビリテーション等）を実施するに当たって、医師との適切な連携の下で、生活状況（ADL、IADL、本人の趣味・興味・関心領域等）や生活上の課題を聴き取り等で把握するとともに、運動、感覚、高次脳機能、ADL、IADL等に関する評価を	□

作業療法士		病院又は診療所及び医療機関以外の患者の生活の場で行うことも可能。作業療法士は、その結果を医師に報告する必要があり、その報告の結果に基づく患者の状態の診断については、医師が行うことが必要。	
言語聴覚士	①リハビリテーションに関する各種書類の記載・説明・書類交付	リハビリテーションに関する各種書類については、作成責任は医師が負うこととされているものについても、医師が最終的に確認又は署名（電子署名を含む。）することを条件に、書類を記載することや、当該書類について患者等への説明や交付を行うことは可能。	□
	②侵襲性を伴わない嚥下検査	侵襲性を伴わない嚥下検査については、実施可能であり、医師との適切な連携の下で、医療機関内であらかじめ定めたプロトコールに基づき、患者の症状に合わせた適切な嚥下検査を選択・実施し、その結果について、客観的な所見を医師に報告することは可能。検査結果や当該所見に基づく診断については、医師が行うことが必要。	□
	③嚥下訓練・摂食機能療法における患者の嚥下状態等に応じた食物形態等の選択	嚥下訓練・摂食機能療法においては、患者の摂食嚥下機能の改善・悪化に伴い、適時に食物形態を変える必要があるが、医師や関係職種との適切な連携の下で、医療機関内であらかじめ定めたプロトコールに基づき、摂食嚥下機能の改善・悪化等の患者の状態にあわせて、訓練場面における食物形態を適宜選択することは可能。言語聴覚士は、食物形態を変更した場合は、その結果について医師に報告することが必要。	□
	④高次脳機能障害、失語症、言語発達障害、発達障害等の評価に必要な臨床心理・神経心理学検査種目の実施等	高次脳機能障害（認知症含む）、失語症、言語発達障害、発達障害等の評価に必要な臨床心理・神経心理学検査の種目の選択・実施について、医師との適切な連携の下で、患者の症状を踏まえて、適切な検査を主体的に選択・実施し、その結果について、客観的な所見を医師に報告することは可能。検査結果や当該所見に基づく診断については、医師が行うことが必要。	□
視能訓練士	①白内障及び屈折矯正手術に使用する手術装置への検査データ等の入力	手術室における白内障及び屈折矯正手術に使用する手術装置の設定・準備や、患者情報及び術前の視機能検査で得たデータの手術装置の入力については、眼科検査等に関する専門的知識を有する視能訓練士を積極的に活用。ただし、手術前に医師が入力データの最終確認を行うことが必要。	□
	②視機能検査に関する検査結果の報告書の記載	検査結果の報告書については、作成責任は医師が負うこととされているが、医師が最終的に確認又は署名（電子署名を含む。）することを条件に、書類を作成することは可能。	□
義肢装具士	①義肢装具の採型・身体へ適合のために行う糖尿病患者等の足趾の爪切等	義肢装具の採型及び身体への適合を安全かつ適切に実施する上で必要となる足趾の爪切り、胼胝等の研磨及び切断術後のドレッシング等の断端形成については、義肢装具士法第37条第１項の「義肢及び装具の装着部位の採型並びに義肢及び装具の身体への適合」に含まれるものと解され、医師の指示の下に行うことは可能。 義肢装具士による爪切り、胼胝等の研磨及びドレッシング等の断端形成の実施に当たっては、養成機関や医療機関等において必要な教育・研修等を受けた義肢装具士が実施することとするととも	□

		に、医師の指示の下、他職種との適切な連携を図るなど義肢装具士が当該行為を安全に実施できるよう留意。 ※手術直後の患部又はギブスで固定されている患部への実施に当たっては医師の具体的な指示の下に行うことが必要。	
義肢装具士	②装具を用いた足部潰瘍の免荷	足部潰瘍のある患者に対する免荷目的の装具の採型・適合については、義肢装具士法第37条第１項の「義肢及び装具の装着部位の採型並びに義肢及び装具の身体への適合」に含まれるものと解され、医師の指示の下に行うことは可能。 義肢装具士による足部潰瘍のある患者に対する免荷目的の装具の採型・適合の実施に当たっては、養成機関や医療機関等において必要な教育・研修等を受けた義肢装具士が実施することとするとともに、医師の指示の下、他職種との適切な連携を図るなど義肢装具士が当該行為を安全に実施できるよう留意。	□
	③切断者への断端管理に関する指導	断端管理に関して、患者に対して拘縮予防、断端の浮腫抑制方法等について指導を行うことは可能。	□
救急救命士	①病院救急車による患者搬送の際の患者観察	搬送患者が重度傷病者である場合に、病院救急車による患者搬送の際に同乗し、当該患者の血圧、脈拍、酸素飽和度、体温を適時測定し、状態の変化を観察する業務については、救急自動車等による重度傷病者の搬送に関して必要な知識や技能を有する救急救命士を積極的に活用。	□
	②救急外来等での診療経過の記録	救急外来等での診療録について、作成責任は医師が負うこととされているが、医師が最終的に確認し署名（電子署名を含む。）することを条件に、記載を代行することは可能。	□
	③救急外来での救急患者受け入れ要請の電話対応	消防機関からの救急患者受け入れ要請に対して、患者の状態等の情報について電話で聴取等を行う業務については、救急自動車等による重度傷病者の搬送に関して必要な知識や技能を有する救急救命士を積極的に活用。	□
その他職種にかかわらずタスク・シフト／シェアを進めることが可能な業務	①診療録等の代行入力（電子カルテへの医療記録の代行入力、臨床写真など画像の取り込み、カンファレンス記録や回診記録の記載、手術記録の記載、各種サマリーの修正、各種検査オーダーの代行入力）	左に掲げる業務については、必ずしも医師が行う必要はなく、看護師その他の医療関係職種のほか、医師事務作業補助者（「医師の指示で事務作業の補助を行う事務に従事する者」をいう。）等の事務職員が行うことも可能。業務を行う上で求められる専門性の程度や医療機関内の体制等に応じて、適切に役割分担を行うことが必要。なお、医師事務作業補助者等の事務職員が行う場合、院内の研修等により、必要な知識を備えることが望ましい。	□
	②各種書類の記載（医師が最終的に確認又は署名（電子署名を含む。）することを条件に、損保会社等に提出す		□

	る診断書、介護保険主治医意見書等の書類、紹介状の返書、診療報酬等の算定に係る書類等を記載する業務）		
	③医師が診察をする前に、医療機関の定めた定型の問診票等を用いて、診察する医師以外の者が患者の病歴や症状などを聴取する業務		□
その他職種にかかわらずタスク・シフト／シェアを進めることが可能な業務	④日常的に行われる検査に関する定型的な説明、同意書の受領（日常的に行われる検査について、医療機関の定めた定型的な説明を行う、又は説明の動画を閲覧してもらった上で、患者又はその家族から検査への同意書を受領）	左に掲げる業務については、必ずしも医師が行う必要はなく、看護師その他の医療関係職種のほか、医師事務作業補助者（「医師の指示で事務作業の補助を行う事務に従事する者」をいう。）等の事務職員が行うことも可能。業務を行う上で求められる専門性の程度や医療機関内の体制等に応じて、適切に役割分担を行うことが必要。なお、医師事務作業補助者等の事務職員が行う場合、院内の研修等により、必要な知識を備えることが望ましい。	□
	⑤入院時のオリエンテーション（医師等から入院に関する医学的な説明を受けた後の患者又はその家族等に対し、療養上の規則等の入院時の案内を行い、入院誓約書等の同意書を受領）		□
	⑥院内での患者移送・誘導		□
	⑦症例実績や各種臨床データの整理、研究申請書の準備、カンファレンスの準備、医師の当直表の作成等の業務		□

第8章
追加的健康確保措置（面接指導と就業上の措置）

1　実施体制

令和６年４月から医師の時間外・休日労働は、原則月100時間未満となりますが、面接指導の実施により、例外的に緩和されます。したがって、月100時間以上の時間外・休日労働を行う場合には、面接指導を実施しなければなりません。

面接指導の実施に当たり、各医療機関の状況に応じた面接指導実施体制の構築が望まれます。その体制は面接指導実施医師および産業医をはじめとする産業保健スタッフが中心となります。この面接指導体制の構築に当たっては、面接指導実施医師、産業医、管理者の連携が必要です。そこで、管理者、面接指導実施医師、面接指導対象医師は、次の役割を果たすことが求められます。

⑴　管理者

管理者は、各医療機関特有の職場の文化に基づき、面接指導実施体制を構築します。面接指導実施医師を選任するとともに面接指導対象医師を抽出し、面接指導実施医師に必要な情報を提供するとともに、面接指導実施医師からの報告・意見を踏まえ、必要に応じて、就業上の措置を講じます。

⑵　面接指導実施医師

面接指導実施医師については、長時間労働の面接指導に際して必要な知見に係る講習を受講して従事します。面接指導実施医師は、管理者により選任されます。また、管理者から必要な情報の提供を受け、面接指導対象医師へ面接指導を実施し、その結果を管理者に報告します。また、面接指導の結果から、就業上の措置を講じる必要がある場合には、管理者に意見を述べます。面接指導実施医師は、必要に応じて産業医と連携することが望まれます。なお、産業医が面接指導実施医師を担うこともできます。

(3) 面接指導対象医師

面接指導対象医師は、当該月に100時間以上の時間外・休日労働が見込まれる医師です。面接指導対象医師についても、自身の健康管理に努めることが求められていますので、過重労働や睡眠負債による健康影響等に関する講習を受講することが望まれます。

■図47　追加的健康確保措置の面接指導に係る実施体制について

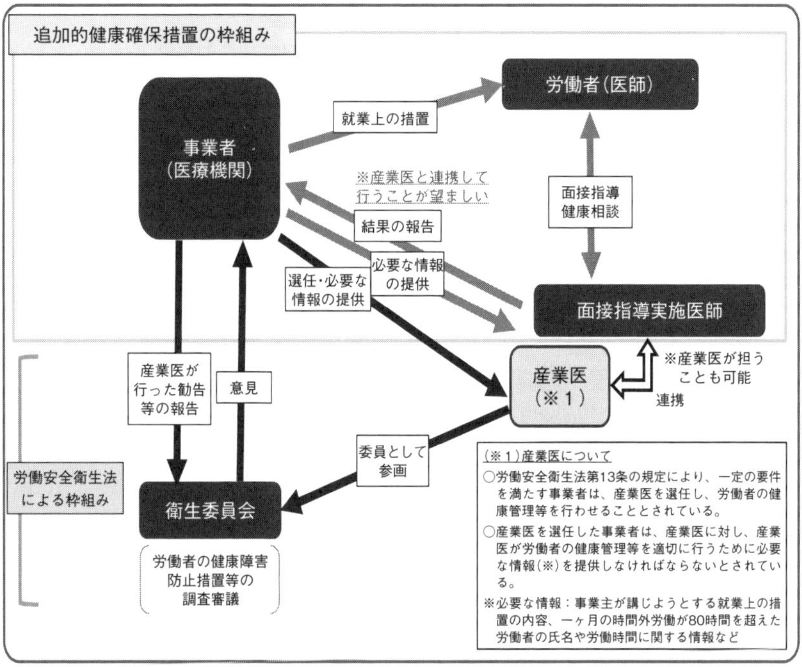

※追加的健康確保措置の面接指導は、医療法において位置付けることと併せて、労働安全衛生法の面接指導としても位置付け、衛生委員会による調査審議等が及ぶ方向で検討（「医師の働き方改革に関する検討会」報告書より）

出典：「医師の働き方改革の推進に関する検討会中間とりまとめ」参考資料、令和２年12月22日。

2　実施方法

(1)　STEP 1：睡眠および疲労の状況の確認

当該月に100時間以上の時間外・休日労働が見込まれる医師（例えば、前月または当月の時間外･休日労働が80時間を超えている者）を抽出し、時間外・休日労働が月100時間以上となる前に、睡眠および疲労の状況等、次の事項について確認を行います（面接指導の実施時期については、図49を参照）。

〈確認事項〉

ア　前月の時間外・休日労働時間（副業・兼業先も自己申告により通算する）

イ　直近２週間の１日平均睡眠時間（可能であればアクチグラフ等の客観的指標を用いる）

ウ　「労働者の疲労蓄積度の自己診断チェックリスト」

エ　面接指導の希望

※　可能であれば、面接指導対象医師と同じ病棟や診療科で勤務する看護師長や上級医から、長時間労働の負担による影響の有無等についても確認しておくことが望まれます。

(2)　STEP 2：面接指導

労働安全衛生法（昭和47年法律第57号）に基づく長時間労働者に対する面接指導において確認を行う事項（勤務の状況、疲労の蓄積の状況、心身の状況）に加え、睡眠負債の状況を確認します。

また、医師についてはバーンアウト（燃え尽き）のリスクが高いことを踏まえ、ワークエンゲイジメント（熱意・没頭・活力）とバーンアウト（燃え尽き）の相違も念頭に置きつつ、評価を行います。

〈確認事項〉

ア　勤務の状況

イ　睡眠負債の状況

ウ　疲労の蓄積の状況

エ　心身の状況（うつ症状や心血管疾患のリスク等）

必要に応じて睡眠や休息等に関する助言や保健指導を行います。

⑶　STEP 3：報告書・意見書の作成

面接指導に基づき、本人への指導区分および就業区分を判定し、報告書および意見書を作成のうえ、管理者に報告します。報告書・意見書の作成に当たっては、必要に応じて、産業医、院内の専門科または専門医療機関と連携することが望まれます。

〈本人への指導区分〉　※複数回答可

０．措置不要　１．要保健指導

２．現病治療継続または医療機関紹介

〈就業区分〉

０．通常勤務　１．就業制限・配慮　２．要休業

⑷　STEP 4：就業上の措置

面接指導実施医師からの報告および意見を踏まえ、必要に応じて、就業上の措置を講じます。

※　なお、疲労回復に効果的な休息の付与方法、睡眠および疲労の状況について確認する事項を含めた効果的な面接指導の実施方法等の詳細については、「医師の働き方改革の推進に関する検討会中間とりまとめ（令和２年12月22日）」別添１「長時間労働の医師への健康確保措置に関するマニュアル」をご参照ください。

■図48　面接指導の実施方法について

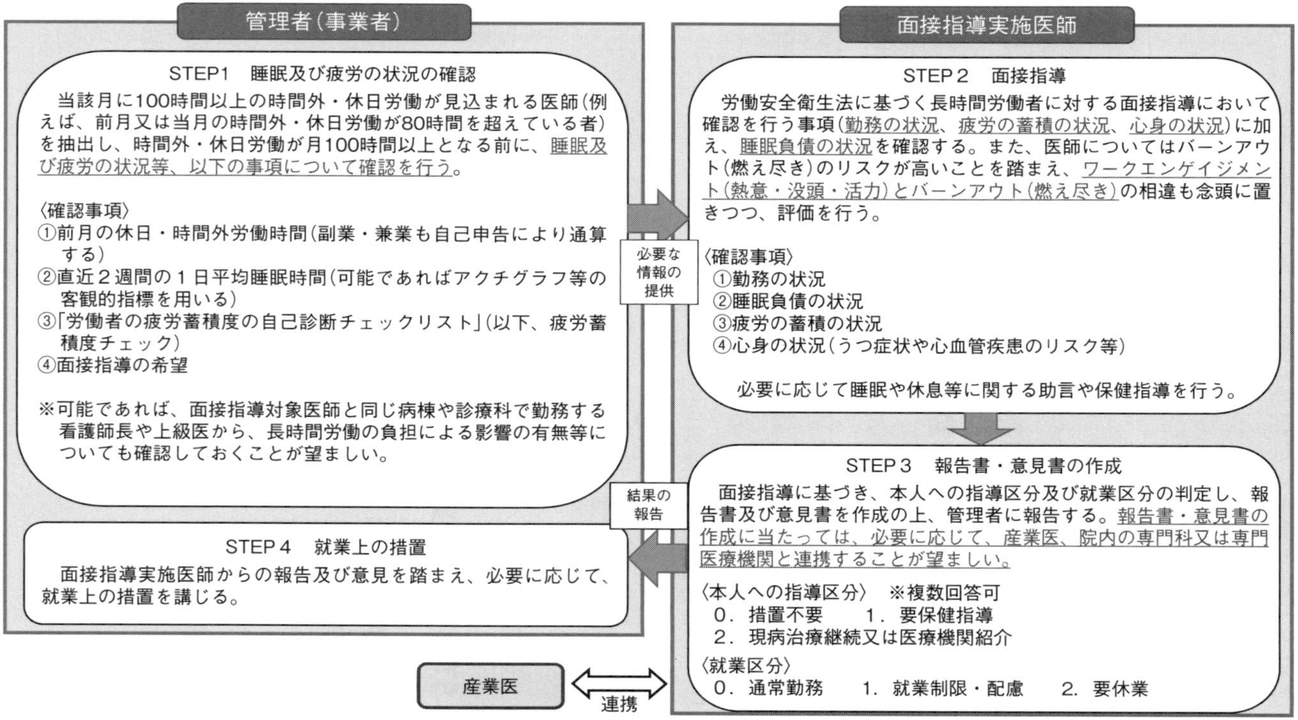

出典：「医師の働き方改革の推進に関する検討会中間とりまとめ」参考資料（令和２年12月22日）を一部加工。

■図49　面接指導の実施時期について

水準	A水準	A・B・連携B・C水準	B・連携B・C水準
時間外・休日労働が100時間以上となる頻度	低い		高い
睡眠及び疲労の状況の事前確認の実施時期	当該月の時間外・休日労働が80時間を超えた後	ある程度の疲労蓄積が想定される時期（当該月の時間外・休日労働が80時間前後となる時期が望ましい） ※ただし、当該月の時間外・休日労働が100時間に到達する前に実施しなければならない。	毎月あらかじめ決めておいた時期に行うことも可能 ※ただし、当該月の時間外・休日労働が100時間に前に実施しなければならない。
面接指導の実施時期	事前確認で一定の疲労の蓄積が予想される場合[注]は当該月の時間外・休日労働が100時間に到達する前に実施しなければならない。		

注　一定の疲労蓄積が予想される場合とは下記のいずれかに該当した場合である。
① 前月の時間外・休日労働時間数：100時間以上
② 直近２週間の１日平均睡眠時間：６時間未満
③ 疲労蓄積度チェック：自覚症状がⅣ又は負担度の点数が４以上
④ 面接指導の希望：有

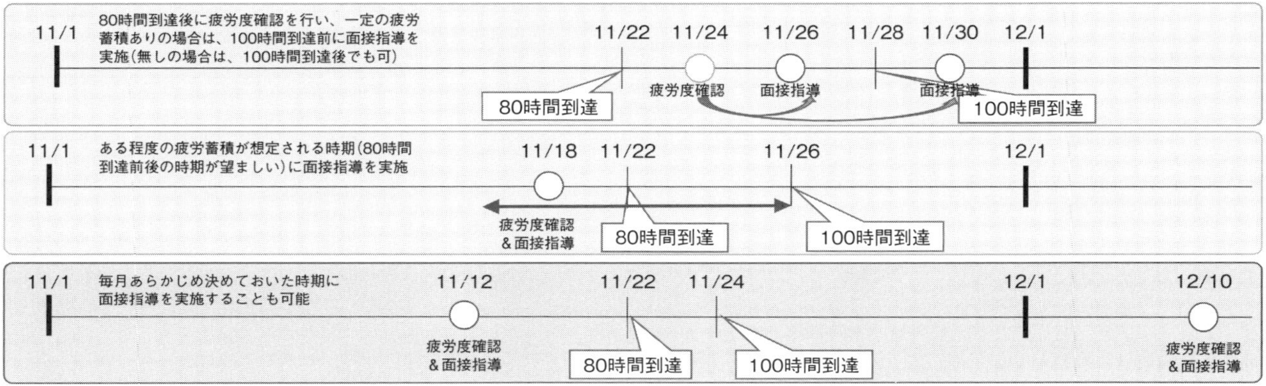

出典：「医師の働き方改革の推進に関する検討会中間とりまとめ」参考資料、令和２年12月22日。

第9章

令和4年度診療報酬改定等による支援の概要

1　令和４年度診療報酬改定による支援内容

(1)　地域医療の確保を図る観点から早急に対応が必要な救急医療体制等の確保

①　地域医療体制確保加算の見直し

地域医療の確保を図り、医師の働き方改革を実効的に進める観点から、地域医療体制確保加算について対象となる医療機関を追加するとともに、要件および評価が見直されました。

【ポイント】

ア　地域の救急医療体制における過酷な勤務環境を踏まえ、周産期医療または小児救急医療を担う医療機関を、地域医療体制確保加算の対象医療機関に追加するとともに、評価を見直す。

（現行）520点　（改定後）620点

イ　医師の働き方改革をより実効的に進めるため、「医師労働時間短縮計画作成ガイドライン」に沿った計画の作成を地域医療体制確保加算の要件に追加する（ただし、令和４年３月31日時点で地域医療体制確保加算の届出を行っている保険医療機関については、令和４年９月30日までの間、経過措置あり）。

(2)　医療機関内における労務管理や労働環境の改善のためのマネジメントシステムの実践に資する取組の推進

①　勤務医の負担軽減の取組の推進

勤務医の負担軽減の取組を推進する観点から、手術および処置に係る時間外加算１等の要件が見直されました。

【ポイント】

手術および処置の休日加算１、時間外加算１および深夜加算１の要件について、手術前日の当直回数に加え、連続当直の回数に係る制限を追加するとともに、診療科全体における当直回数から、医師１人当たりの当直回数に規制範囲を変更する。また、当直等を行った日の記録に係る事務負担の軽減を行う。

②　夜間の看護配置に係る評価および業務管理等の項目の見直し

看護職員の夜間における看護業務の負担軽減を一層促進する観点から、夜間の看護配置に係る評価を見直すとともに、業務管理等の項目が見直されました。

【ポイント】

ア　夜勤を行う看護職員および看護補助者に係る業務の実態等を踏まえ、夜間の看護配置に係る評価等を見直す。

イ　夜間看護体制加算（急性期看護補助体制加算）等の施設基準における「夜間における看護業務の負担軽減に資する業務管理等に関する項目」について、「11時間以上の勤務間隔の確保」または「連続する夜勤の回数が２回以下」のいずれかを満たしていることを必須化する。

ウ　看護職員夜間配置加算（精神科救急入院料および精神科救急・合併症入院料）の施設基準における「夜間における看護業務の負担軽減に資する業務管理等に関する項目」のうち満たすべき項目の数について、２項目以上から３項目以上に変更する。

⑶　各職種がそれぞれの高い専門性を十分に発揮するための勤務環境の改善、タスク・シェアリング／タスク・シフティング、チーム医療の推進

①　医師事務作業補助体制加算の見直し

勤務医の働き方改革を推進し、質の高い医療を提供する観点から、

医師事務作業補助体制加算について要件および評価が見直されました。

【ポイント】

医師事務作業補助者が実施可能な業務に係る整理等を踏まえ、医師事務作業補助体制加算１および２について、医師事務作業補助者の経験年数に着目した評価に見直す。

（現行）

医師事務作業補助体制加算１　248～970点

医師事務作業補助体制加算２　238～910点

（改定後）

医師事務作業補助体制加算１　300～1,050点

医師事務作業補助体制加算２　260～975点

※　医師事務作業補助体制加算１の施設基準を、当該保険医療機関における３年以上の勤務経験を有する医師事務作業補助者が、それぞれの配置区分ごとに５割以上配置されていること、に変更。医師事務作業補助体制加算２については、上記要件を設けない。

②　特定行為研修修了者の活用の推進

医師の働き方改革を一層推進する観点から、精神科リエゾンチーム加算等の要件に係る研修に特定行為研修が追加されました。

【ポイント】

精神科リエゾンチーム加算、栄養サポートチーム加算、褥瘡ハイリスク患者ケア加算および呼吸ケアチーム加算の要件として履修が求められている研修の種類に、特定行為に係る研修を追加する。

③　病棟薬剤業務実施加算の見直し

小児入院医療管理において、病棟薬剤師による介入が医療の質の向上につながっている実態を踏まえ、小児入院医療管理料を算定す

る病棟における病棟薬剤業務実施加算の評価の在り方が見直されました。

【ポイント】

小児入院医療管理料を算定する病棟について、病棟薬剤業務実施加算を算定可能とする。

④　周術期における薬学的管理の評価の新設

薬剤師による周術期の薬物療法に係る医療安全に関する取組の実態を踏まえ、周術期における薬剤師による薬学的管理について、新たな評価が新設されました。

【ポイント】

質の高い周術期医療が行われるよう、手術室の薬剤師が病棟の薬剤師と薬学的管理を連携して実施した場合の評価を新設する。

⑤　看護補助者のさらなる活用に係る評価の新設

看護職員および看護補助者の業務分担・協働をさらに推進する観点から、看護職員および看護補助者に対してより充実した研修を実施した場合等について、新たな評価が新設されました。

【ポイント】

看護補助者との業務分担・協働に関する看護職員を対象とした研修の実施等、看護補助者の活用に係る十分な体制を整備している場合の評価を新設する。

⑷　業務の効率化に資するICTの利活用の推進、その他長時間労働などの厳しい勤務環境の改善に向けての取組の評価

①　医療機関におけるICTを活用した業務の効率化・合理化

医療機関における業務の効率化・合理化の観点から、カンファレンスの実施等の要件が見直されました。

【ポイント】

医療従事者等により実施されるカンファレンス等について、ビデオ通話が可能な機器を用いて、対面によらない方法で実施する場合の入退院支援加算等の要件を緩和する。

②　医療機関等における事務等の簡素化・効率化

医療機関等における業務の効率化および医療従事者の事務負担軽減を推進する観点から、施設基準の届出およびレセプト請求に係る事務等が見直されました。

ア　所定の研修を修了していることの確認を目的として、施設基準の届出の際に添付を求めている修了証の写し等の文書について、届出様式中に当該研修を修了している旨を記載すること等により施設基準の適合性が確認できる場合には、当該文書の添付を不要とする。

イ　訪問看護ステーションの基準に係る届出について、「担当者氏名」等の変更があった場合など、当該基準への適合の有無に影響が生じない場合においては、当該届出を不要とする。

ウ　レセプトの摘要欄に記載を求めている事項のうち、薬剤等について選択式記載に変更する。また、一部の診療行為について、レセプト請求時にあらかじめ特定の検査値の記載を求めることにより、審査支払機関の審査におけるレセプトの返戻による医療機関の再請求に係る事務負担軽減を図る。

エ　小児科外来診療料等に係る施設基準の届出の省略を行う。

③　標準規格の導入に係る取組の推進

医療機関間等の情報共有および連携が効率的・効果的に行われるよう、標準規格の導入に係る取組を推進する観点から、診療録管理体制加算について、定例報告における報告内容を見直す。

【ポイント】

診療録管理体制加算に係る定例報告において、電子カルテの導入状況およびHL7 Internationalによって作成された医療情報交換の次世代標準フレームワークであるHL7 FHIR（Fast Healthcare Interoperability Resources）の導入状況について報告を求めることとする。

2　地域医療介護総合確保基金による支援内容

勤務医の働き方改革を推進するため、地域医療介護総合確保基金を活用し、地域医療の確保を目的として都道府県が医療機関向け補助を実施します（地域医療勤務環境改善体制整備事業）。

(1)　補助の対象となる医療機関

地域医療において特別な役割があり、かつ過酷な勤務環境となっていると都道府県知事が認める医療機関（補助に当たっては客観的要件を設定）です。

連続勤務時間制限・勤務間インターバル、面接指導などに取り組み、かつ、時短計画を定めるなどを条件に補助金を交付します。

(2)　補助対象経費

次に掲げる総合的な取組に要する経費をパッケージとして補助します。

【医師の労働時間短縮に向けた総合的な取組の実施】

医療機関において医師の労働時間短縮のための計画を策定し、勤務環境改善のための体制整備として次のような取組を総合的に実施。

・勤務間インターバルや連続勤務時間制限の適切な設定
・当直明けの勤務負担の緩和
・複数主治医制の導入
・女性医師等に対する短時間勤務等多様で柔軟な働き方を推進
・タスク・シフティング、タスク・シェアリングの推進
・これらに類する医師の業務見直しによる労働時間短縮に向けた取組

巻末資料

1　労働基準法施行規則の一部を改正する省令（令和４年厚生労働省令第５号）

［主な内容］

○Ａ水準の医師の年間の時間外・休日労働の上限を960時間と規定。
　１か月上限100時間未満と面接指導関係を規定。

○医師が含まれる場合の36協定の様式を規定。

2　医療法第128条の規定により読み替えて適用する労働基準法第141条第２項の厚生労働省令で定める時間等を定める省令（令和４年厚生労働省令第６号）

［主な内容］

○Ｂ・Ｃ水準の医師の年間の時間外・休日労働の上限を1860時間と規定。１か月上限100時間未満と面接指導関係を規定。

3　労働基準法施行規則第69条の３第２項第２号の規定に基づき厚生労働大臣が定める要件（令和４年厚生労働省告示第６号）

［主な内容］

○労働基準法施行規則等に基づく面接指導の実施方法（原則月の時間外・休日労働が100時間に達するまでの間に実施等）を規定（医療法施行規則の規定と同様の内容）。

4　良質かつ適切な医療を効率的に提供する体制の確保を推進するための医療法等の一部を改正する法律（令和３年法律第49号）新旧対照条文（抜粋）

5　医師の労働時間短縮等に関する指針（令和４年厚生労働省告示第７号）

6　医師、看護師等の宿日直許可基準について（令和元年７月１日基発0701第８号労働基準局長通達）

7　医師等の宿日直許可基準及び医師の研鑽に係る労働時間に関する考え方についての運用に当たっての留意事項について（令和元年７月１日基監発0701第１号労働基準局監督課長通達）

１　労働基準法施行規則の一部を改正する省令
（令和４年厚生労働省令第５号）

○厚生労働省令第５号

労働基準法（昭和22年法律第49号）第36条第１項及び第２項第５号並びに第141条第１項から第３項まで並びに同条第１項（医療法（昭和23年法律第205号）第128条の規定により適用する場合を含む。）の規定により読み替えて適用する労働基準法第36条第３項の規定に基づき、労働基準法施行規則の一部を改正する省令を次のように定める。

令和４年１月19日

厚生労働大臣　後藤　茂之

労働基準法施行規則の一部を改正する省令

労働基準法施行規則（昭和22年厚生省令第23号）の一部を次の表のように改正する。

（傍線部分は改正部分）

改正後	改正前
附則	附則
第69条の２　法第141条第１項の厚生労働省令で定める者は、病院（医療法（昭和23年法律第205号）第１条の５第１項に規定する病院をいう。次条第２項第２号において同じ。）若しくは診療所（同法第１条の５第２項に規定する診療所をいう。次条第２項第２号において同じ。）において勤務する医師（医療を受ける者に対する診療を直接の目的とする業務を行わない者を除く。）又は介護老人保健施設（介護保険法（平成９	（新設）

年法律第123号）第８条第28項に規定する介護老人保健施設をいう。次条第２項第２号において同じ。）若しくは介護医療院（同法第８条第29項に規定する介護医療院をいう。次条第２項第２号において同じ。）において勤務する医師（以下「特定医師」という。）をいう。	
第69条の３　法第141条第１項（医療法第128条の規定により適用する場合を含む。第５項において同じ。）の規定により法第36条の規定を読み替えて適用する場合における第17条の規定の適用については、次の表の上欄に掲げる規定中同表の中欄に掲げる字句は、それぞれ同表の下欄に掲げる字句とする。ただし、医療法第128条の規定により読み替えられた場合にあつては、同表第１項ただし書きの項中「法第141条第２項」とあるのは「医療法（昭和23年法律第205号）第128条の規定により読み替えて適用する法第141条第２項」と、同表第１項第３号の項中「法第141条第３項」とあるのは「医療法第128条の規定により読み替えて適用する法第141条第３項」とする。	（新設）

第1項ただし書き	同条第5項	法第141条第2項
第1項第2号	法第36条第2項第4号	第69条の3第2項第1号
第1項第3号	法第36条第6項第2号及び第3号	法第141条第3項
第1項第4号	法第36条第3項の限度時間	法第141条第1項（医療法（昭和23年法律第205号）第128条の規定により適用する場合を含む。）の規定により読み替えて適用する法第36条第3項の厚生労働省令で定める時間

② 法第141条第1項の場合において、法第36条第1項の協定に、同条第2項第5号の厚生労働省令で定める事項として、前項の規定により読み替えて適用する第17条第1項各号に掲げる事項のほ

か、次に掲げる事項を定めるものとする。

一　対象期間における１日、１箇月及び１年のそれぞれの期間について労働時間を延長して労働させることができる時間又は労働させることができる休日の日数

二　医療法第10条の規定により病院若しくは診療所の開設者が当該病院若しくは当該診療所を管理させることとした者又は介護保険法第95条若しくは同法第109条の規定により介護老人保健施設若しくは介護医療院の開設者が当該介護老人保健施設若しくは当該介護医療院を管理させることとした者（以下この項において「管理者」という。）に、１箇月について労働時間を延長して労働させ、及び休日において労働させる時間が100時間以上となることが見込まれる特定医師に対して厚生労働大臣が定める要件に該当する面接指導を行わせること。

三　管理者に、前号の規定による面接指導（面接指導の対象となる特定医師の希望により、当該管理者の指定した医師以外の医師が行つた面接指導であつ

て、当該管理者がその結果を証明する書面の提出を受けたものを含む。）の結果に基づき、当該面接指導を受けた特定医師の健康を保持するために必要な措置について、当該面接指導が行われた後（当該管理者の指定した医師以外の医師が当該面接指導を行つた場合にあつては、当該管理者がその結果を証明する書面の提出を受けた後）、遅滞なく、当該面接指導を行つた医師の意見を聴かせること。

四　管理者に、第２号の規定による面接指導を行つた医師の意見を勘案し、その必要があると認めるときは、当該面接指導を受けた特定医師の実情を考慮して、遅滞なく、労働時間の短縮、宿直の回数の減少その他の適切な措置を講じさせること。

五　管理者に、医療法第108条第６項の規定により、１箇月について労働時間を延長して労働させ、及び休日において労働させる時間が特に長時間である特定医師に対して労働時間の短縮のために必要な措置を講じさせること。

③　前項第３号の書面は、当該特定医師の受けた面接指導について、

次に掲げる事項を記載したものでなければならない。
一　実施年月日
二　当該面接指導を受けた特定医師の氏名
三　当該面接指導を行つた医師の氏名
四　当該面接指導を受けた特定医師の睡眠の状況
五　当該面接指導を受けた特定医師の疲労の蓄積の状況
六　前２号に掲げるもののほか、当該面接指導を受けた特定医師の心身の状況

④　第２項第２号から第５号までの事項は、次の各号に掲げる区分に応じ、当該各号に定める場合には、法第36条第１項の協定に定めないことができる。
一　第２項第２号から第４号までに掲げる事項　１箇月について労働時間を延長して労働させ、及び休日において労働させる時間が100時間以上となることが見込まれない場合
二　第２項第５号に掲げる事項　１箇月について労働時間を延長して労働させ、及び休日において労働させる時間が特に長時間となることが見込まれない場合

⑤　法第141条第１項の規定により

読み替えて適用する法第36条第3項の厚生労働省令で定める時間は、1箇月について45時間及び1年について360時間（法第32条の4第1項第2号の対象期間として3箇月を超える期間を定めて同条の規定により労働させる場合にあつては、1箇月について42時間及び1年について320時間）とする。	
第69条の4　法第141条第2項の厚生労働省令で定める時間は、労働時間を延長して労働させ、及び休日において労働させることができる時間について、1箇月について100時間未満及び1年について960時間とする。ただし、法第36条第1項の協定に前条第2項第2号から第4号までに規定する事項を定めた場合にあつては、1年について960時間とする。	（新設）
第69条の5　法第141条第3項の厚生労働省令で定める時間は、労働時間を延長して労働させ、及び休日において労働させる時間について、1箇月について100時間未満及び1年について960時間とする。ただし、第69条の3第2項第2号に規定する面接指導が行われ、かつ、同項第4号に規定す	（新設）

る措置が講じられた特定医師については１年について960時間とする。	
第70条　第16条第１項の規定にかかわらず、法第36条第２項第１号に規定する労働者に特定医師が含まれている場合における同条第１項の規定による届出は、様式第９号の４（法第141条第２項（医療法第128条の規定により読み替えて適用する場合を含む。）に規定する事項に関する定めをする場合にあつては、様式第９号の５）により、所轄労働基準監督署長にしなければならない。	第70条　第16条第１項の規定にかかわらず、法第139条第２項、第140条第２項、第141条第４項又は第142条の規定により読み替えて適用する法第36条第１項（以下この条及び次条において「読替後の法第36条第１項」という。）の規定による届出は、令和６年３月31日までの間、様式第９号の４（第24条の２第４項の規定により法第38条の２第２項の協定の内容を読替後の法第36条第１項の規定による届出に付記して届け出る場合にあつては様式第９号の５、労使委員会の決議を届け出る場合にあつては様式第９号の６、労働時間等設定改善委員会の決議を届け出る場合にあつては様式第９号の７）により、所轄労働基準監督署長にしなければならない。
②　（略）	②　（略）
③　第16条第３項の規定は、第１項の届出について準用する。	（新設）
（削る）	第71条　読替後の法第36条第１項の協定については、令和６年３月31日までの間、第17条第１項第

	３号から第７号までの規定は適用しない。
第71条　（略）	第72条　（略）

様式第９号の４を次のように改める。（省略）

様式第９号の５を次のように改める。（省略）

附則

1　この省令は、令和６年４月１日から施行する。

2　この省令の施行の日前にされた労働基準法（昭和22年法律第49号）第141条第４項の規定により読み替えて適用する同法第36条第１項の協定（同条第２項第２号の対象期間の初日が施行の日以後であるもの及び当該協定を更新しようとする旨の協定が同日以後にされるものを除く。）を同日以後に同条の規定により届け出る場合には、なお従前の様式によることができる。

2　医療法第128条の規定により読み替えて適用する労働基準法第141条第２項の厚生労働省令で定める時間等を定める省令（令和４年厚生労働省令第６号）

○　厚生労働省令第６号

労働基準法（昭和22年法律第49号）第36条第２項第５号並びに医療法（昭和23年法律第205号）第128条の規定により読み替えて適用する労働基準法第141条第２項及び第３項の規定に基づき、医療法第128条の規定により読み替えて適用する労働基準法第141条第２項の厚生労働省令で定める時間等を定める省令を次のとおり定める。

令和４年１月19日

厚生労働大臣　後藤　茂之

医療法第128条の規定により読み替えて適用する労働基準法第141条第２項の厚生労働省令で定める時間等を定める省令

第１条　医療法（昭和23年法律第205号）第128条の規定により読み替えて適用する労働基準法（昭和22年法律第49号。以下「法」という。）第141条第２項の厚生労働省令で定める時間は、労働基準法施行規則（昭和22年厚生省令第23号。以下「規則」という。）第69条の４の規定にかかわらず、次の各号に掲げる規則第69条の２に規定する医師（以下「特定医師」という。）の区分に応じ、当該各号に定める時間とする。

一　医療法第113条第１項の規定に基づき特定地域医療提供機関として指定されている病院（同法第１条の５第１項に規定する病院をいう。以下この条において同じ。）又は診療所（同法第１条の５第２項に規定する診療所をいう。以下この条において同じ。）（第３条第１項において「特定地域医療提供機関」という。）において当該指定に係る業務に従事する特定医師、同法第119条第１項の規定に基づき技能向上集中研修機関として指定されている病院又は診療所（第３条第１項及び附則第２項において「技能向上集中研修機関」という。）において当該指定に係る業務に従事する特定医師又は同法第120条第１項の規定に基づき特定高度技能研修機関として指定されている病院又は診療所（第３

条第１項及び附則第２項において「特定高度技能研修機関」という。）において当該指定に係る業務に従事する特定医師労働時間を延長して労働させ、及び休日において労働させることができる時間について、１箇月について100時間未満及び１年について1860時間。ただし、法第36条第１項の協定に第３条第１項第２号から第４号までに規定する事項を定めた場合にあっては、１年について1860時間とする。

二　医療法第118条第１項の規定に基づき連携型特定地域医療提供機関として指定されている病院又は診療所（第３条第１項において「連携型特定地域医療提供機関」という。）から他の病院又は診療所に派遣される特定医師（同法第118条第１項に規定する派遣に係るものに限る。）

労働時間を延長して労働させ、及び休日において労働させることができる時間について、１箇月について100時間未満及び１年について960時間。ただし、法第36条第１項の協定に、第３条第１項第２号から第４号までに規定する事項を定めた場合にあっては、１年について960時間とする。

第２条　医療法第128条の規定により読み替えて適用する法第141条第３項の厚生労働省令で定める時間は、規則第69条の５の規定にかかわらず、労働時間を延長して労働させ、及び休日において労働させる時間について、１箇月について100時間未満及び１年について1860時間とする。ただし、次条第１項第２号に規定する面接指導が行われ、かつ、同項第４号に規定する措置が講じられた特定医師については１年について1860時間とする。

第３条　特定地域医療提供機関、連携型特定地域医療提供機関、技能向上集中研修機関及び特定高度技能研修機関において法第36条第１項の協定をする場合には、規則第69条の３第２項の規定にかかわらず、法第36条第２項第５号の厚生労働省令で定める事項として、規則第69条の３第１項の規定により読み替えて適用する規則第17条第１項各号に掲げる事項のほか、次に掲げる事項を定めるものとする。

一　対象期間における１日、１箇月及び１年のそれぞれの期間について労働時間を延長して労働させることができる時間又は労働させること

ができる休日の日数

二　規則第69条の３第２項第２号に規定する管理者（以下この項において「管理者」という。）に、１箇月について労働時間を延長して労働させ、及び休日において労働させる時間が100時間以上となることが見込まれる特定医師に対して同号に規定する面接指導を行わせること。

三　管理者に、前号の規定による面接指導（面接指導の対象となる特定医師の希望により、当該管理者の指定した医師以外の医師が行った面接指導であって、当該管理者がその結果を証明する書面の提出を受けたものを含む。）の結果に基づき、当該面接指導を受けた特定医師の健康を保持するために必要な措置について、当該面接指導が行われた後（当該管理者の指定した医師以外の医師が当該面接指導を行った場合にあっては、当該管理者がその結果を証明する書面の提出を受けた後）、遅滞なく、当該面接指導を行った医師の意見を聴かせること。

四　管理者に、第２号の規定による面接指導を行った医師の意見を勘案し、その必要があると認めるときは、当該面接指導を受けた特定医師の実情を考慮して、遅滞なく、労働時間の短縮、宿直の回数の減少その他の適切な措置を講じさせること。

五　管理者に、医療法第108条第６項の規定により、１箇月について労働時間を延長して労働させ、及び休日において労働させる時間が特に長時間である特定医師に対して労働時間の短縮のために必要な措置を講じさせること。

六　管理者に、医療法第123条第１項及び第２項の規定により、休息時間を確保させること。

2　前項第３号の書面は、当該特定医師の受けた面接指導について、次に掲げる事項を記載したものでなければならない。

一　実施年月日

二　当該面接指導を受けた特定医師の氏名

三　当該面接指導を行った医師の氏名

四　当該面接指導を受けた特定医師の睡眠の状況

五　当該面接指導を受けた特定医師の疲労の蓄積の状況

六　前２号に掲げるもののほか、当該面接指導を受けた特定医師の心身の状況

3　第１項第２号から第５号までの事項は、次の各号に掲げる区分に応じ、

当該各号に定める場合には、法第36条第１項の協定に定めないことができる。

一　第１項第２号から第４号までに掲げる事項　１箇月について労働時間を延長して労働させ、及び休日において労働させる時間が100時間以上となることが見込まれない場合

二　第１項第５号に掲げる事項　１箇月について労働時間を延長して労働させ、及び休日において労働させる時間が特に長時間となることが見込まれない場合

附則

1　この省令は、令和６年４月１日から施行する。

2　第１条及び第２条（技能向上集中研修機関において当該技能向上集中研修機関が受けた指定に係る業務に従事する特定医師及び特定高度技能研修機関において当該特定高度技能研修機関が受けた指定に係る業務に従事する特定医師に係る部分を除く。）に規定する時間については、令和18年３月31日を目途に当該時間を規則第69条の４及び第69条の５に規定する時間とすることを目標として、この省令の施行後３年ごとに、特定医師の労働時間の動向その他の状況を勘案して必要な見直しを行うものとする。

3　労働基準法施行規則第69条の３第２項第２号の規定に基づき厚生労働大臣が定める要件（令和４年厚生労働省告示第６号）

○　厚生労働省告示第６号

労働基準法施行規則（昭和22年厚生省令第23号）第69条の３第２項第２号の規定に基づき、厚生労働大臣が定める要件を次のように定め、令和６年４月１日から適用する。

令和４年１月19日

厚生労働大臣　後藤　茂之

一　労働基準法施行規則（昭和22年厚生省令第23号）第69条の３第２項第２号に規定する管理者（以下「管理者」という。）が、事前に次に掲げる事項を確認した上で、１箇月について労働時間を延長して労働させ、及び休日において労働させる時間（以下「時間外・休日労働時間」という。）が100時間に達するまでの間に行われるものであること。ただし、労働基準法（昭和22年法律第49号）第141条第１項に規定する医業に従事する医師のうち、医療法（昭和23年法律第205号）第122条第１項に規定する特定労務管理対象機関において勤務する医師（医療法第128条の規定により読み替えて適用する労働基準法第141条第２項の厚生労働省令で定める時間等を定める省令（令和４年厚生労働省令第６号）第１条第１号及び第２号に掲げる者に限る。）以外の医師については、疲労の蓄積が認められない場合は、時間外・休日労働時間が100時間に達するまでの間又は100時間以上となった後に遅滞なく行われるものであること。

イ　時間外・休日労働時間が100時間以上となることが見込まれる者（以下「面接指導対象医師」という。）の勤務の状況

ロ　当該面接指導対象医師の睡眠の状況

ハ　当該面接指導対象医師の疲労の蓄積の状況

ニ　ロ及びハに掲げるもののほか、当該面接指導対象医師の心身の状況

ホ　面接指導を受ける意思の有無

二　医療法第108条第１項に規定する面接指導実施医師（以下「面接指導実施医師」という。）により行われるものであること。

三　当該面接指導を行う面接指導実施医師が、管理者から、面接指導対象医師の労働時間に関する情報その他の面接指導を適切に行うために必要な情報として次に掲げるものの提供を受けていること。ただし、イに掲げる情報については当該面接指導対象医師の時間外・休日労働時間が100時間以上となることが見込まれることの確認を行った後速やかに、ロに掲げる情報については当該面接指導実施医師から当該情報の提供を求められた後速やかに、それぞれ提供されなければならない。

イ　当該面接指導対象医師の氏名及び当該面接指導対象医師に係る第1号イからホまでに掲げる事項に関する情報

ロ　イに掲げるもののほか、当該面接指導対象医師の業務に関する情報であって当該面接指導実施医師が当該面接指導対象医師の面接指導を適切に行うために必要と認めるもの

四　当該面接指導実施医師が次に掲げる事項について確認を行うものであること。

イ　当該面接指導対象医師の勤務の状況

ロ　当該面接指導対象医師の睡眠の状況

ハ　当該面接指導対象医師の疲労の蓄積の状況

ニ　ロ及びハに掲げるもののほか、当該面接指導対象医師の心身の状況

4　良質かつ適切な医療を効率的に提供する体制の確保を推進するための医療法等の一部を改正する法律（令和３年法律第49号）　新旧対照条文（抜粋）

○　医療法（昭和23年法律第205号）（抄）（第１条関係）

【公布日施行又は令和４年３月31日までの間において政令で定める日施行】

（傍線の部分は改正部分）

改正法	旧
附則 第104条　都道府県は、平成25年４月１日から令和５年３月31日までの間、医療計画を作成するに当たつては、離島振興法（昭和28年法律第72号）第２条第１項の規定により離島振興対策実施地域として指定された地域における医療の特殊事情に鑑み、当該地域において医師等の確保、病床の確保等により必要な医療が確保されるよう適切な配慮をするものとする。	附則 第104条　都道府県は、平成25年４月１日から平成35年３月31日までの間、医療計画を作成するに当たつては、離島振興法（昭和28年法律第72号）第２条第１項の規定により離島振興対策実施地域として指定された地域における医療の特殊事情に鑑み、当該地域において医師等の確保、病床の確保等により必要な医療が確保されるよう適切な配慮をするものとする。
第105条　厚生労働大臣は、労働が長時間にわたる医師の労働時間を短縮し、及びその健康を確保することにより、医師が良質かつ適切な医療を行うことができるよう、当分の間において国及び都道府県並びに病院又は診療所の管理者その他の関係者が適切に対処するために必要な指針を定め、	（新設）

これを公表するものとする。	
第106条　都道府県は、当分の間、第30条の14第１項、第30条の18の４第１項及び第30条の23第１項の協議を行うに当たつては、前条の指針を勘案するものとする。	（新設）

○　**医療法（昭和23年法律第205号）（抄）（第２条関係）**

【令和４年４月１日施行】

（傍線の部分は改正部分）

改正法	旧
目次 第１章～第４章（略） 第５章（略） 第１節～第３節（略） 第４節　地域における外来医療に係る医療提供体制の確保（第30条の18の２－第30条の18の４） 第５節・第６節（略） 第６章～第９章（略） 附則	目次 第１章～第４章（略） 第５章（略） 第１節～第３節（略） 第４節　地域における外来医療に係る医療提供体制の確保（第30条の18の２） 第５節・第６節（略） 第６章～第９章（略） 附則
第29条　（略） ２　（略） ３　都道府県知事は、次の各号のいずれかに該当する場合においては、地域医療支援病院の承認を取り消すことができる。 一・二　（略） 三　地域医療支援病院の開設者が第24条第１項、第30条の13	第29条　（略） ２　（略） ３　都道府県知事は、次の各号のいずれかに該当する場合においては、地域医療支援病院の承認を取り消すことができる。 一・二　（略） 三　地域医療支援病院の開設者が第24条第１項又は第30条の

第5項又は第30条の18の2第2項の規定に基づく命令に違反したとき。	13第5項の規定に基づく命令に違反したとき。
四～七　（略）	四～七　（略）
4　厚生労働大臣は、次の各号のいずれかに該当する場合においては、特定機能病院の承認を取り消すことができる。	4　厚生労働大臣は、次の各号のいずれかに該当する場合においては、特定機能病院の承認を取り消すことができる。
一・二　（略）	一・二　（略）
三　特定機能病院の開設者が第24条第2項、第30条の13第5項又は第30条の18の2第2項の規定に基づく命令に違反したとき。	三　特定機能病院の開設者が第24条第2項又は第30条の13第5項の規定に基づく命令に違反したとき。
四～七　（略）	四～七　（略）
5～7　（略）	5～7　（略）
第5章　医療提供体制の確保	第5章　医療提供体制の確保
第30条の3の2　（略）	第30条の3の2　（略）
2　厚生労働大臣は、前条第2項第7号に掲げる事項を定め、又はこれを変更するために必要があると認めるときは、都道府県知事又は第30条の18の2第1項に規定する外来機能報告対象病院等若しくは第30条の18の3第1項に規定する無床診療所の開設者若しくは管理者に対し、厚生労働省令で定めるところにより、第30条の18の2第1項又は第30条の18の3第1項の規定による報告の内容その他の必要な情報の提供	（新設）

を求めることができる。	
第30条の５　都道府県は、医療計画を作成し、又は医療計画に基づく事業を実施するために必要があると認めるときは、市町村その他の官公署、介護保険法第７条第７項に規定する医療保険者（第30条の14第１項及び第30条の18の４第１項において「医療保険者」という。）又は医療提供施設の開設者若しくは管理者に対し、当該都道府県の区域内における医療提供施設の機能に関する情報その他の必要な情報の提供を求めることができる。	第30条の５　都道府県は、医療計画を作成し、又は医療計画に基づく事業を実施するために必要があると認めるときは、市町村その他の官公署、介護保険法第７条第７項に規定する医療保険者（第30条の14第１項及び第30条の18の２第１項において「医療保険者」という。）又は医療提供施設の開設者若しくは管理者に対し、当該都道府県の区域内における医療提供施設の機能に関する情報その他の必要な情報の提供を求めることができる。
第30条の13　病院又は診療所であつて療養病床又は一般病床を有するもの（以下「病床機能報告対象病院等」という。）の管理者は、地域における病床の機能の分化及び連携の推進のため、厚生労働省令で定めるところにより、当該病床機能報告対象病院等の病床の機能に応じ厚生労働省令で定める区分（以下「病床の機能区分」という。）に従い、次に掲げる事項を当該病床機能報告対象病院等の所在地の都道府県知事に報告しなければならない。 一～四　（略） ２～６　（略）	第30条の13　病院又は診療所であつて一般病床又は療養病床を有するもの（以下「病床機能報告対象病院等」という。）の管理者は、地域における病床の機能の分化及び連携の推進のため、厚生労働省令で定めるところにより、当該病床機能報告対象病院等の病床の機能に応じ厚生労働省令で定める区分（以下「病床の機能区分」という。）に従い、次に掲げる事項を当該病床機能報告対象病院等の所在地の都道府県知事に報告しなければならない。 一～四　（略） ２～６　（略）

第30条の14　都道府県は、構想区域その他の当該都道府県の知事が適当と認める区域（第30条の16第１項及び第30条の18の４第３項において「構想区域等」という。）ごとに、診療に関する学識経験者の団体その他の医療関係者、医療保険者その他の関係者（以下この条において「関係者」という。）との協議の場（第30条の18の４第１項及び第２項並びに第30条の23第１項を除き、以下「協議の場」という。）を設け、関係者との連携を図りつつ、医療計画において定める将来の病床数の必要量を達成するための方策その他の地域医療構想の達成を推進するために必要な事項について協議を行うものとする。	第30条の14　都道府県は、構想区域その他の当該都道府県の知事が適当と認める区域（第30条の16第１項及び第30条の18の２第３項において「構想区域等」という。）ごとに、診療に関する学識経験者の団体その他の医療関係者、医療保険者その他の関係者（以下この条において「関係者」という。）との協議の場（第30条の18の２第１項及び第２項並びに第30条の23第１項を除き、以下「協議の場」という。）を設け、関係者との連携を図りつつ、医療計画において定める将来の病床数の必要量を達成するための方策その他の地域医療構想の達成を推進するために必要な事項について協議を行うものとする。
２・３　（略）	２・３　（略）
第４節　地域における外来医療に係る医療提供体制の確保	第４節　地域における外来医療に係る医療提供体制の確保
第30条の18の２　病床機能報告対象病院等であつて外来医療を提供するもの（以下この条において「外来機能報告対象病院等」という。）の管理者は、地域における外来医療に係る病院及び診療所の機能の分化及び連携の推進のため、厚生労働省令で定めるところにより、次に掲げる事項を当該	（新設）

外来機能報告対象病院等の所在地の都道府県知事に報告しなければならない。

一　当該外来機能報告対象病院等において提供する外来医療のうち、その提供に当たつて医療従事者又は医薬品、医療機器その他の医療に関する物資を重点的に活用するものとして厚生労働省令で定める外来医療に該当するものの内容

二　当該外来機能報告対象病院等が地域において前号の厚生労働省令で定める外来医療を提供する基幹的な病院又は診療所としての役割を担う意向を有する場合は、その旨

三　その他厚生労働省令で定める事項

2　都道府県知事は、外来機能報告対象病院等の管理者が前項（第2号に係る部分を除く。）の規定による報告をせず、又は虚偽の報告をしたときは、期間を定めて、当該外来機能報告対象病院等の開設者に対し、当該管理者をしてその報告を行わせ、又はその報告の内容を是正させることを命ずることができる。

3　第30条の13第3項、第4項及び第6項の規定は、第1項の規定による報告について準用する。この場合において、同条第3項中

「病床機能報告対象病院等」とあるのは「外来機能報告対象病院等」と、同条第6項中「前項」とあるのは「第30条の18の2第2項」と、「病床機能報告対象病院等」とあるのは「外来機能報告対象病院等」と読み替えるものとする。	
第30条の18の3　患者を入院させるための施設を有しない診療所（以下この条において「無床診療所」という。）の管理者は、地域における外来医療に係る病院及び診療所の機能の分化及び連携の推進のため、厚生労働省令で定めるところにより、次に掲げる事項を当該無床診療所の所在地の都道府県知事に報告することができる。 一　当該無床診療所において提供する外来医療のうち、前条第1項第1号の厚生労働省令で定める外来医療に該当するものの内容 二　当該無床診療所が地域において前条第1項第1号の厚生労働省令で定める外来医療を提供する基幹的な診療所としての役割を担う意向を有する場合は、その旨 三　その他厚生労働省令で定める事項	（新設）

2　第30条の13第３項及び第４項の規定は、前項の規定による報告について準用する。この場合において、同条第３項中「病床機能報告対象病院等」とあるのは、「無床診療所」と読み替えるものとする。	
第30条の18の４　都道府県は、第30条の４第２項第14号に規定する区域その他の当該都道府県の知事が適当と認める区域（第３項において「対象区域」という。）ごとに、診療に関する学識経験者の団体その他の医療関係者、医療保険者その他の関係者（以下この項及び次項において「関係者」という。）との協議の場を設け、関係者との連携を図りつつ、次に掲げる事項（第３号から第５号までに掲げる事項については、外来医療に係る医療提供体制の確保に関するものに限る。第３項において同じ。）について協議を行い、その結果を取りまとめ、公表するものとする。	第30条の18の２　都道府県は、第30条の４第２項第14号に規定する区域その他の当該都道府県の知事が適当と認める区域（第３項において「対象区域」という。）ごとに、診療に関する学識経験者の団体その他の医療関係者、医療保険者その他の関係者（以下この項及び次項において「関係者」という。）との協議の場を設け、関係者との連携を図りつつ、次に掲げる事項（第２号から第４号までに掲げる事項については、外来医療に係る医療提供体制の確保に関するものに限る。第３項において同じ。）について協議を行い、その結果を取りまとめ、公表するものとする。
一　（略）	一　（略）
二　第30条の18の２第１項及び前条第１項の規定による報告を踏まえた第30条の18の２第１項第１号の厚生労働省令で定める外来医療を提供する基幹的な病院又は診療所に関す	（新設）

る事項 三　前号に掲げるもののほか、病院及び診療所の機能の分化及び連携の推進に関する事項 四～六　（略） ２～４　（略）	二　病院及び診療所の機能の分化及び連携の推進に関する事項 三～五　（略） ２～４　（略）
第92条　第30条の13第５項又は第30条の18の２第２項の規定による命令に違反した者は、30万円以下の過料に処する。	第92条　第30条の13第５項の規定による命令に違反した者は、30万円以下の過料に処する。
附則	附則
第106条　都道府県は、当分の間、第30条の14第１項、第30条の18の４第１項及び第30条の23第１項の協議を行うに当たつては、前条の指針を勘案するものとする。	第106条　都道府県は、当分の間、第30条の14第１項、第30条の18の２第１項及び第30条の23第１項の協議を行うに当たつては、前条の指針を勘案するものとする。
第107条　厚生労働大臣は、当分の間、労働が長時間にわたる医師の労働時間を短縮するための病院又は診療所における取組を評価することにより医師による良質かつ適切な医療の効率的な提供に資することを目的とする一般社団法人又は一般財団法人であつて、次条に規定する業務を適切かつ確実に行うことができると認められるものを、その申請により、医療機関勤務環境評価センターとして指定することができる。	（新設）

2　厚生労働大臣は、前項の規定による指定をしたときは、当該医療機関勤務環境評価センターの名称、住所及び事務所の所在地を公示しなければならない。 3　医療機関勤務環境評価センターは、その名称、住所又は事務所の所在地を変更しようとするときは、あらかじめ、その旨を厚生労働大臣に届け出なければならない。 4　厚生労働大臣は、前項の規定による届出があつたときは、当該届出に係る事項を公示しなければならない。	
第108条　医療機関勤務環境評価センターは、次に掲げる業務を行うものとする。 一　病院又は診療所の管理者からの求めに応じ、当該病院又は診療所に勤務する医師の労働時間の短縮のための取組の状況その他厚生労働省令で定める事項について評価を行うこと。 二　病院又は診療所における医師の労働時間の短縮のための取組について、病院又は診療所の管理者に対し、必要な助言及び指導を行うこと。 三　前2号に掲げるもののほか、医師による良質かつ適切な医	（新設）

療の効率的な提供に資するよう、病院又は診療所における医師の労働時間の短縮を促進するための業務を行うこと。 2　医療機関勤務環境評価センターは、前項各号に掲げる業務を行うに当たつては、第105条の指針を勘案しなければならない。	
第109条　医療機関勤務環境評価センターは、前条第1項第1号の評価を行つたときは、遅滞なく、当該評価に係る病院又は診療所の管理者及び当該病院又は診療所の所在地の都道府県知事に対して、その評価の結果を通知しなければならない。	（新設）
第110条　医療機関勤務環境評価センターは、第108条第1項第1号の評価を受けようとする者から、医療機関勤務環境評価センターが厚生労働大臣の認可を受けて定める額の手数料を徴収することができる。	（新設）
第111条　都道府県知事は、厚生労働省令で定めるところにより、第109条の規定により通知された評価の結果を公表しなければならない。 2　都道府県知事は、第109条の規定による評価の結果の通知を受	（新設）

けたときは、当該評価に係る病院又は診療所に対し、必要に応じ、当該病院又は診療所に勤務する医師の労働時間の短縮に有用な情報の提供、助言その他の支援を行うものとする。 3　都道府県又は第30条の21第2項の規定による委託を受けた者は、当分の間、同条第1項各号に掲げる事務又は当該委託に係る事務を実施するに当たり、同条第3項各号に掲げる事項に加え、第1項の規定により公表された評価の結果について特に留意するものとする。	
第112条　医療機関勤務環境評価センターは、第108条第1項各号に掲げる業務（以下「評価等業務」という。）を行うときは、その開始前に、評価等業務の実施方法に関する事項その他の厚生労働省令で定める事項について評価等業務に関する規程（次項及び第122条第1項第3号において「業務規程」という。）を定め、厚生労働大臣の認可を受けなければならない。これを変更しようとするときも、同様とする。 2　厚生労働大臣は、前項の認可をした業務規程が評価等業務の適正かつ確実な実施上不適当となつたと認めるときは、当該業務規	（新設）

程を変更すべきことを命ずることができる。	
第113条　医療機関勤務環境評価センターは、毎事業年度、厚生労働省令で定めるところにより、評価等業務に関し事業計画書及び収支予算書を作成し、厚生労働大臣の認可を受けなければならない。これを変更しようとするときも、同様とする。 2　医療機関勤務環境評価センターは、厚生労働省令で定めるところにより、毎事業年度終了後、評価等業務に関し事業報告書及び収支決算書を作成し、厚生労働大臣に提出しなければならない。	（新設）
第114条　医療機関勤務環境評価センターは、評価等業務以外の業務を行つている場合には、当該業務に係る経理と評価等業務に係る経理とを区分して整理しなければならない。	（新設）
第115条　医療機関勤務環境評価センターは、厚生労働大臣の許可を受けなければ、評価等業務の全部又は一部を休止し、又は廃止してはならない。	（新設）
第116条　医療機関勤務環境評価センターの役員若しくは職員又は	（新設）

これらの者であつた者は、正当な理由がなく、評価等業務に関して知り得た秘密を漏らしてはならない。	
第117条　医療機関勤務環境評価センターは、厚生労働省令で定めるところにより、評価等業務の一部を、厚生労働大臣の承認を受けて、他の者に委託することができる。 2　前項の規定による委託を受けた者若しくはその役員若しくは職員又はこれらの者であつた者は、正当な理由がなく、当該委託に係る業務に関して知り得た秘密を漏らしてはならない。	（新設）
第118条　医療機関勤務環境評価センターには、評価等業務諮問委員会を置かなければならない。 2　評価等業務諮問委員会は、医療機関勤務環境評価センターの代表者の諮問に応じ、評価等業務の実施方法、評価等業務に基づく評価の結果その他評価等業務の実施に関する重要事項を調査審議し、及びこれらに関し必要と認める意見を医療機関勤務環境評価センターの代表者に述べることができる。 3　評価等業務諮問委員会の委員は、医療に関して高い識見を有す	（新設）

る者、労働に関して高い識見を有する者その他学識経験を有する者のうちから、厚生労働大臣の認可を受けて、医療機関勤務環境評価センターの代表者が任命する。	
第119条　医療機関勤務環境評価センターは、厚生労働省令で定めるところにより、帳簿を備え、評価等業務に関し厚生労働省令で定める事項を記載し、これを保存しなければならない。	（新設）
第120条　厚生労働大臣は、評価等業務の適正な運営を確保するために必要があると認めるときは、医療機関勤務環境評価センターに対し、評価等業務若しくは資産の状況に関し必要な報告を命じ、又は当該職員に、医療機関勤務環境評価センターの事務所に立ち入り、評価等業務の状況若しくは帳簿書類その他の物件を検査させることができる。 ２　第６条の24第２項及び第３項の規定は、前項の規定による立入検査について準用する。	（新設）
第121条　厚生労働大臣は、この法律を施行するために必要な限度において、医療機関勤務環境評価センターに対し、評価等業務に関し監督上必要な命令をすること	（新設）

ができる。		
第122条　厚生労働大臣は、医療機関勤務環境評価センターが次の各号のいずれかに該当するときは、第107条第１項の規定による指定（以下この条において「指定」という。）を取り消すことができる。 一　評価等業務を適正かつ確実に実施することができないと認められるとき。 二　指定に関し不正の行為があつたとき。 三　この法律の規定若しくは当該規定に基づく命令若しくは処分に違反したとき、又は第112条第１項の認可を受けた業務規程によらないで評価等業務を行つたとき。 ２　厚生労働大臣は、前項の規定により指定を取り消したときは、その旨を公示しなければならない。	（新設）	
第123条　第107条から前条までに規定するもののほか、医療機関勤務環境評価センターに関し必要な事項は、厚生労働省令で定める。	（新設）	
第124条　第116条又は第117条第２項の規定に違反した者は、１年以下の懲役又は50万円以下の罰	（新設）	

金に処する。	
第125条　次の各号のいずれかに該当するときは、その違反行為をした医療機関勤務環境評価センターの役員又は職員は、30万円以下の罰金に処する。 一　第115条の許可を受けないで、評価等業務の全部を廃止したとき。 二　第119条の規定による帳簿の記載をせず、虚偽の記載をし、又は帳簿を保存しなかつたとき。 三　第120条第１項の規定による報告を怠り、若しくは虚偽の報告をし、又は同項の規定による検査を拒み、妨げ、若しくは忌避したとき。	（新設）

○　**医療法（昭和23年法律第205号）（抄）（第３条関係）**

【令和６年４月１日施行、令和７年４月１日施行又は令和８年４月１日施行】

（傍線の部分は改正部分）

改正法	旧
第30条の４　（略） ２　医療計画においては、次に掲げる事項を定めるものとする。 一～四　（略） 五　次に掲げる医療の確保に必要な事業（以下「救急医療等確保事業」という。）に関する事項（ニに掲げる医療については、その確保が必要な場合に限	第30条の４　（略） ２　医療計画においては、次に掲げる事項を定めるものとする。 一～四　（略） 五　次に掲げる医療の確保に必要な事業（以下「救急医療等確保事業」という。）に関する事項（ハに掲げる医療については、その確保が必要な場合に限

る。）	る。）
イ・ロ　（略）	イ・ロ　（略）
ハ　そのまん延により国民の生命及び健康に重大な影響を与えるおそれがある感染症がまん延し、又はそのおそれがあるときにおける医療	（新設）
ニ～ヘ（略）	ハ～ホ（略）
ト　イからヘまでに掲げるもののほか、都道府県知事が当該都道府県における疾病の発生の状況等に照らして特に必要と認める医療	ヘ　イからホまでに掲げるもののほか、都道府県知事が当該都道府県における疾病の発生の状況等に照らして特に必要と認める医療
六～十七（略）	六～十七（略）
3　（略）	3　（略）
4　都道府県は、第2項第2号に掲げる事項を定めるに当たつては、次に掲げる事項に配慮しなければならない。	4　都道府県は、第2項第2号に掲げる事項を定めるに当たつては、次に掲げる事項に配慮しなければならない。
一　医療連携体制の構築の具体的な方策について、第2項第4号の厚生労働省令で定める疾病又は同項第5号イからトまでに掲げる医療若しくは居宅等における医療ごとに定めること。	一　医療連携体制の構築の具体的な方策について、第2項第4号の厚生労働省令で定める疾病又は同項第5号イからヘまでに掲げる医療若しくは居宅等における医療ごとに定めること。
二～四　（略）	二～四　（略）
5～18　（略）	5～18　（略）
第35条　厚生労働大臣又は都道府県知事は、公的医療機関の開設者又は管理者に対して、次の事項を命ずることができる。	第35条　厚生労働大臣又は都道府県知事は、公的医療機関の開設者又は管理者に対して、次の事項を命ずることができる。

一　（略）	一　（略）
二　医師法第11条第１項第２号若しくは歯科医師法第11条第１項第２号の規定による実地修練又は医師法第16条の２第１項若しくは歯科医師法第16条の２第１項の規定による臨床研修を行わせるのに必要な条件を整備すること。	二　医師法第11条第２号若しくは歯科医師法第11条第２号の規定による実地修練又は医師法第16条の２第１項若しくは歯科医師法第16条の２第１項の規定による臨床研修を行わせるのに必要な条件を整備すること。
三　（略）	三　（略）
２　（略）	２　（略）
附則	附則
第107条　病院又は診療所の管理者は、当分の間、当該病院又は診療所に勤務する医師の健康状態を把握し、適切に対応するために必要な体制を整備しなければならない。	（新設）
第108条　病院又は診療所の管理者は、当分の間、当該病院又は診療所に勤務する医師のうち、各月の労働時間の状況が厚生労働省令で定める要件に該当する者（以下この条において「面接指導対象医師」という。）に対し、厚生労働省令で定めるところにより、医師（面接指導対象医師に対し、面接指導（問診その他の方法により心身の状況を把握し、これに応じて面接により必要な指導を行うこ	（新設）

とをいう。以下同じ。）を行うのに適切な者として厚生労働省令で定める要件に該当する者に限る。以下この条において「面接指導実施医師」という。）による面接指導を行わなければならない。

2　面接指導対象医師は、前項の規定により病院又は診療所の管理者が行う面接指導を受けなければならない。ただし、当該管理者の指定した面接指導実施医師が行う面接指導を受けることを希望しない場合において、他の面接指導実施医師の行う同項の規定による面接指導に相当する面接指導を受け、その結果を証明する書面を当該管理者に提出したときは、この限りでない。

3　病院又は診療所の管理者は、面接指導実施医師に対し、厚生労働省令で定めるところにより、面接指導対象医師の労働時間に関する情報その他の面接指導実施医師が面接指導を適切に行うために必要な情報として厚生労働省令で定めるものを提供しなければならない。

4　病院又は診療所の管理者は、第１項又は第２項ただし書の規定による面接指導の結果に基づき、当該面接指導対象医師の健康を保持するために必要な措置について、厚生労働省令で定めるところにより、面接指導実施医師の意見を聴かなければならない。

5　病院又は診療所の管理者は、前項の規定による面接指導実施医師の意見を勘案し、その必要があると認めるときは、当該面接指導対象医師の実情を考慮して、厚生労働省令で定めるところにより、労働時間の短縮、宿直の回数の減少その他の適切な措置を講じなければならない。

6　病院又は診療所の管理者は、面接指導対象医師について、各月の当該面接指導対象医師の労働時間の状況が特に長時間であるものとして厚生労働省令で定める要件に該当する場合には、厚生労働省令で定めるところにより、労働時間の短縮のために必要な措置を講じなければならない。

7　病院又は診療所の管理者は、厚生労働省令で定めるところにより、第1項及び第2項ただし書の規定による面接指導、第4項の規定による面接指導実施医師の意見の聴取並びに前2項の規定による措置の内容を記録し、これを保存しなければならない。

8　面接指導対象医師に対し、労働安全衛生法（昭和47年法律第57号）第66条の8第1項の規定による面接指導（厚生労働省令で定める要件に該当するものに限る。）

が行われている場合には、第1項の規定にかかわらず、同項の規定による面接指導を行うことを要しない。	
第109条　病院又は診療所の管理者は、地域の病院又は診療所において前条第1項の規定による面接指導が適切に実施されるよう、第105条の指針に従い、相互に連携を図りながら協力しなければならない。	（新設）
第110条　病院又は診療所の管理者は、当分の間、当該病院又は診療所に勤務する医師のうち、その予定されている労働時間の状況（1年の期間に係るものに限る。第123条第1項において同じ。）が厚生労働省令で定める要件に該当する者（同項に規定する特定対象医師を除き、以下この条において「対象医師」という。）に対し、当該対象医師ごとに厚生労働省令で定める業務の開始から厚生労働省令で定める時間を経過するまでに、厚生労働省令で定めるところにより、継続した休息時間を確保するよう努めなければならない。ただし、当該業務の開始から厚生労働省令で定める時間を経過するまでに、厚生労働省令で定めるところにより対象医師を	（新設）

宿日直勤務（厚生労働大臣の定める基準に適合するものに限る。第３項並びに第123条第１項及び第３項において同じ。）に従事させる場合は、この限りでない。 ２　病院又は診療所の管理者は、対象医師に対し、前項に規定する休息時間を確保しなかつた場合には、厚生労働省令で定めるところにより、事後において、これに相当する休息時間を確保するよう努めなければならない。 ３　第１項ただし書の場合において、当該病院又は診療所の管理者は、当該宿日直勤務中に、当該対象医師を労働させたときは、当該宿日直勤務後に、当該対象医師に対し、厚生労働省令で定めるところにより、必要な休息時間を確保するよう努めなければならない。	
第111条　都道府県知事は、病院又は診療所の管理者が、正当な理由がなく、第107条に規定する必要な体制の整備をしていないと認めるとき、第108条第１項の規定による面接指導を行つていないと認めるとき（同条第２項ただし書に規定する書面が提出されている場合及び同条第８項に規定する場合を除く。）又は同条第６項に規定する必要な措置を講じていないと認めるときは、当該病	（新設）

院又は診療所の開設者に対し、期限を定めて、その改善に必要な措置をとるべきことを命ずることができる。	
第112条　第108条から第110条までに規定するもののほか、第108条第1項の規定による面接指導の実施又は第110条第1項本文、第2項若しくは第3項の規定による休息時間の確保に関し必要な事項は、厚生労働省令で定める。	(新設)
第113条　都道府県知事は、当分の間、次に掲げる医療のいずれかを提供するために医師をやむを得ず長時間従事させる必要がある業務として厚生労働省令で定めるものがあると認められる病院又は診療所（当該都道府県の区域に所在するものに限る。）を、当該病院又は診療所の開設者の申請により、特定地域医療提供機関として指定することができる。 一　救急医療 二　居宅等における医療 三　地域において当該病院又は診療所以外で提供することが困難な医療	(新設)
2　前項の規定による指定の申請は、厚生労働省令で定める事項を	

記載した申請書に、同項に規定する業務に従事する医師の労働時間の短縮に関する計画（以下「労働時間短縮計画」という。）の案を添えてしなければならない。

3　都道府県知事は、第１項の申請に係る病院又は診療所が次に掲げる要件に該当すると認めるときは、同項の規定による指定をすることができる。

一　前項の労働時間短縮計画の案が、当該病院又は診療所に勤務する医師その他関係者の意見を聴いて作成されたものであることその他の厚生労働省令で定める要件を満たすものであること。

二　第108条第１項の規定による面接指導並びに第123条第１項本文及び第２項後段の規定による休息時間の確保を行うことができる体制が整備されていること。

三　労働に関する法律の規定であつて政令で定めるものの違反に関し、法律に基づく処分、公表その他の措置が講じられた事実であつて厚生労働省令で定めるものがないこと。

4　都道府県知事は、第１項の規定による指定をするに当たつては、第132条の規定により通知を受けた同項の申請に係る病院又は診

療所の評価の結果を踏まえなければならない。 5　都道府県知事は、第１項の規定による指定をするに当たつては、あらかじめ、都道府県医療審議会の意見を聴かなければならない。 6　都道府県知事は、第１項の規定による指定をしたときは、厚生労働省令で定めるところにより、その旨を公示しなければならない。 7　都道府県知事は、この条の規定の施行に必要な限度において、第130条第１項の医療機関勤務環境評価センター（第116条第１項において単に「医療機関勤務環境評価センター」という。）に対し、必要な事項の報告を求めることができる。	
第114条　特定地域医療提供機関の管理者は、前条第１項の規定による指定を受けた後、遅滞なく、労働時間短縮計画を定めなければならない。	（新設）
第115条　第113条第１項の規定による指定は、３年ごとにその更新を受けなければ、その期間の経過によつて、その効力を失う。 2　前項の更新の申請があつた場合において、同項の期間（以下この条において「指定の有効期間」という。）の満了の日までにその	（新設）

申請に対する処分がされないときは、従前の指定は、指定の有効期間の満了後もその処分がされるまでの間は、なおその効力を有する。 3　前項の場合において、指定の更新がされたときは、その指定の有効期間は、従前の指定の有効期間の満了の日の翌日から起算するものとする。 4　前2条の規定は、第1項の規定による指定の更新について準用する。	
第116条　特定地域医療提供機関の開設者は、第113条第1項に規定する業務の変更（厚生労働省令で定める軽微な変更を除く。）をしようとするときは、厚生労働省令で定めるところにより、当該特定地域医療提供機関の指定をした都道府県知事の承認を受けなければならない。この場合において、当該特定地域医療提供機関の管理者は、あらかじめ、当該特定地域医療提供機関に勤務する医師その他関係者の意見を聴いて、労働時間短縮計画の見直しのための検討を行い、必要な変更を加えるとともに、厚生労働省令で定めるところにより、医療機関勤務環境評価センターによる第131条第1項第1号の評価を受けなけ	（新設）

ればならない。 2　第113条第2項から第7項までの規定は、前項の規定による承認について準用する。この場合において、同条第2項中「同項」とあるのは「第113条第1項」と、同項及び同条第3項第1号中「の案」とあるのは「の変更の案」と読み替えるものとする。		
第117条　都道府県知事は、特定地域医療提供機関が次のいずれかに該当するときは、第113条第1項の規定による指定（以下この条において「指定」という。）を取り消すことができる。 一　第113条第1項に規定する業務がなくなつたと認められるとき。 二　113条第3項各号に掲げる要件を欠くに至つたと認められるとき。 三　指定に関し不正の行為があつたとき。 四　特定地域医療提供機関の開設者が第111条又は第126条の規定に基づく命令に違反したとき。 2　都道府県知事は、前項の規定により指定を取り消すに当たつては、あらかじめ、都道府県医療審議会の意見を聴かなければならない。	（新設）	

3　都道府県知事は、第１項の規定により指定を取り消したときは、厚生労働省令で定めるところにより、その旨を公示しなければならない。	
第118条　都道府県知事は、当分の間、他の病院又は診療所に厚生労働省令で定めるところにより医師の派遣（医療提供体制の確保のために必要と認められるものに限る。）を行うことによつて当該派遣をされる医師の労働時間がやむを得ず長時間となる病院又は診療所（当該都道府県の区域に所在するものに限る。）を、当該病院又は診療所の開設者の申請により、連携型特定地域医療提供機関として指定することができる。	（新設）
2　第113条第２項から第７項まで、第114条及び第115条の規定は前項の規定による連携型特定地域医療提供機関の指定について、第116条の規定は連携型特定地域医療提供機関の同項に規定する派遣をされる医師の業務の変更について、前条の規定は同項の規定による連携型特定地域医療提供機関の指定の取消しについて、それぞれ準用する。この場合において、第113条第２項中「同項に規定する業務に従事する医	

師」とあるのは「他の病院又は診療所に派遣される医師（第118条第１項に規定する派遣に係るものに限る。）」と、同条第７項中「この条」とあるのは「第118条」と、前条第１項第１号中「第113条第１項に規定する業務がなくなつた」とあるのは「次条第１項に規定する医師の派遣が行われなくなつた」と、同項第２号中「第113条第３項各号」とあるのは「次条第２項において準用する第113条第３項各号」と読み替えるものとする。	
第119条　都道府県知事は、当分の間、次の各号のいずれかに該当する病院又は診療所であつて、それぞれ当該各号に定める医師をやむを得ず長時間従事させる必要がある業務として厚生労働省令で定めるものがあると認められるもの（当該都道府県の区域に所在するものに限る。）を、当該病院又は診療所の開設者の申請により、技能向上集中研修機関として指定することができる。 一　医師法第16条の２第１項の都道府県知事の指定する病院　同項の臨床研修を受ける医師 二　医師法第16条の11第１項の研修を行う病院又は診療所　当該研修を受ける医師	（新設）

2　第113条第２項から第７項まで、第114条及び第115条の規定は前項の規定による技能向上集中研修機関の指定について、第116条の規定は技能向上集中研修機関の同項に規定する業務の変更について、第117条の規定は同項の規定による技能向上集中研修機関の指定の取消しについて、それぞれ準用する。この場合において、第113条第２項中「同項に規定する業務に従事する」とあるのは「第119条第１項に規定する業務に従事する同項各号に定める」と、同条第７項中「この条」とあるのは「第119条」と、第117条第１項第１号中「第113条第１項」とあるのは「第119条第１項」と、同項第２号中「第113条第３項各号」とあるのは「第119条第２項において準用する第113条第３項各号」と読み替えるものとする。	
第120条　都道府県知事は、当分の間、特定分野（医療の分野のうち高度な技能を有する医師を育成することが公益上特に必要と認められるものとして厚生労働大臣が公示したものをいう。）における高度な技能を有する医師を育成するために、当該技能の修得のための研修を行う病院又は診	（新設）

療所であつて、当該研修を受ける医師（当該研修を受けることが適当と認められる者として厚生労働省令で定める要件に該当する者に限る。）をやむを得ず長時間従事させる必要がある業務として厚生労働省令で定めるものがあると認められるもの（当該都道府県の区域に所在するものであつて、当該研修を効率的に行う能力を有することについて厚生労働大臣の確認を受けたものに限る。）を、当該病院又は診療所の開設者の申請により、特定高度技能研修機関として指定することができる。

2　第113条第２項から第７項まで、第114条及び第115条の規定は前項の規定による特定高度技能研修機関の指定について、第116条の規定は特定高度技能研修機関の同項に規定する業務の変更について、第117条の規定は同項の規定による特定高度技能研修機関の指定の取消しについて、それぞれ準用する。この場合において、第113条第２項中「同項に規定する業務に従事する」とあるのは「第120条第１項に規定する業務に従事する同項に規定する研修を受ける」と、同条第７項中「この条」とあるのは「第120条」と、第117条第１項第１号中「第

113条第１項」とあるのは「第120条第１項」と、同項第２号中「第113条第３項各号」とあるのは「第120条第２項において準用する第113条第３項各号」と読み替えるものとする。	
第121条　前条第１項の確認を受けようとする病院又は診療所は、実費を勘案して政令で定める額の手数料を納付しなければならない。 ２　厚生労働大臣は、前条第１項の確認に係る事務の全部又は一部を、厚生労働省令で定める者に委託することができる。 ３　前項の規定による委託を受けた者若しくはその役員若しくは職員又はこれらの者であつた者は、正当な理由がなく、当該委託に係る事務に関して知り得た秘密を漏らしてはならない。	（新設）
第122条　特定地域医療提供機関、連携型特定地域医療提供機関、技能向上集中研修機関及び特定高度技能研修機関（以下「特定労務管理対象機関」と総称する。）の管理者は、労働時間短縮計画に基づき、医師の労働時間の短縮のための取組を実施しなければならない。 ２　特定労務管理対象機関の管理	（新設）

者は、3年を超えない範囲内で厚生労働省令で定める期間ごとに、当該特定労務管理対象機関に勤務する医師その他関係者の意見を聴いた上で、労働時間短縮計画についてその見直しのための検討を行い、必要があると認めるときは、労働時間短縮計画の変更をするとともに、厚生労働省令で定めるところにより、当該変更後の労働時間短縮計画を当該特定労務管理対象機関の指定をした都道府県知事に提出しなければならない。 3　特定労務管理対象機関の管理者は、前項の規定により労働時間短縮計画についてその見直しのための検討を行つた結果、その変更をする必要がないと認めるときは、厚生労働省令で定めるところにより、その旨を当該特定労務管理対象機関の指定をした都道府県知事に届け出なければならない。	
第123条　特定労務管理対象機関の管理者は、当該特定労務管理対象機関に勤務する医師のうち、その予定されている労働時間の状況が厚生労働省令で定める要件に該当する者（以下この条及び次条において「特定対象医師」という。）に対し、当該特定対象医師	（新設）

ごとに厚生労働省令で定める業務の開始から厚生労働省令で定める時間を経過するまでに、厚生労働省令で定めるところにより、継続した休息時間を確保しなければならない。ただし、当該業務の開始から厚生労働省令で定める時間を経過するまでに、厚生労働省令で定めるところにより特定対象医師を宿日直勤務に従事させる場合は、この限りでない。

2　特定労務管理対象機関の管理者が、厚生労働省令で定めるやむを得ない理由により、前項の規定により確保することとした休息時間（以下この項において「休息予定時間」という。）中に特定対象医師を労働させる必要がある場合は、前項の規定にかかわらず、当該休息予定時間中に当該特定対象医師を労働させることができる。この場合においては、厚生労働省令で定めるところにより、当該休息予定時間の終了後に、当該特定対象医師に対し、当該休息予定時間中に労働をさせた時間に相当する時間の休息時間を確保しなければならない。

3　第1項ただし書の場合において、当該特定労務管理対象機関の管理者は、当該宿日直勤務中に、当該特定対象医師を労働させたときは、当該宿日直勤務後に、当

該特定対象医師に対し、厚生労働省令で定めるところにより、必要な休息時間を確保するよう配慮しなければならない。 4　災害その他避けることのできない事由によつて、臨時の必要がある場合においては、特定労務管理対象機関の管理者は、当該特定労務管理対象機関の所在地の都道府県知事の許可を受けて、その必要の限度において第1項本文及び第2項後段の規定による休息時間の確保を行わないことができる。ただし、事態急迫のために当該都道府県知事の許可を受ける暇がない場合においては、事後に遅滞なく届け出なければならない。 5　前項ただし書の規定による届出があつた場合において、都道府県知事が第1項本文及び第2項後段の規定による休息時間の確保を行わなかつたことを不適当と認めるときは、その後に必要な休息時間を確保すべきことを、命ずることができる。	
第124条　特定労務管理対象機関の管理者は、厚生労働省令で定めるところにより、特定対象医師に対する前条第1項本文及び第2項後段の規定による休息時間の確保に関する記録を作成し、これを	(新設)

保存しなければならない。	
第125条　特定労務管理対象機関の管理者は、当該特定労務管理対象機関に勤務する医師のうち複数の病院又は診療所に勤務する者に係る第123条第１項本文及び第２項後段に規定する休息時間を適切に確保するために必要があると認めるときは、当該医師が勤務する他の病院又は診療所の管理者に対し、必要な協力を求めることができる。 ２　病院又は診療所の管理者は、前項の規定により協力を求められたときは、その求めに応ずるよう努めなければならない。	（新設）
第126条　都道府県知事は、特定労務管理対象機関の管理者が、正当な理由がなく、第123条第１項本文又は第２項後段に規定する休息時間の確保を行つていないと認めるときは、当該特定労務管理対象機関の開設者に対し、期限を定めて、その改善に必要な措置をとるべきことを命ずることができる。	（新設）
第127条　第24条の２及び第30条の規定の適用については、当分の間、第24条の２第１項中「又は前条第１項」とあるのは「、前条第	（新設）

１項、第111条又は第126条」と、第30条中「又は第29条第１項若しくは第３項」とあるのは「、第29条第１項若しくは第３項、第111条又は第126条」とする。	
第128条　特定地域医療提供機関において第113条第１項に規定する業務に従事する医師、連携型特定地域医療提供機関から他の病院又は診療所に派遣される医師（第118条第１項に規定する派遣に係るものに限る。）、技能向上集中研修機関において第119条第１項に規定する業務に従事する医師又は特定高度技能研修機関において第120条第１項に規定する業務に従事する医師についての労働基準法（昭和22年法律第49号）第141条の規定の適用については、当分の間、同条第２項中「を勘案して」とあるのは「並びに医療法（昭和23年法律第205号）第122条第１項に規定する特定労務管理対象機関（次項において単に「特定労務管理対象機関」という。）における業務の性質を勘案して」と、同条第３項中「を勘案して」とあるのは「並びに特定労務管理対象機関における業務の性質を勘案して」とする。	（新設）
第129条　第113条から前条までに	（新設）

規定するもののほか、特定労務管理対象機関の指定に関する申請の手続その他特定労務管理対象機関に関し必要な事項は、厚生労働省令で定める。	
第130条～第132条　（略）	第107条～第109条　（略）
第133条　医療機関勤務環境評価センターは、第131条第１項第１号の評価を受けようとする者から、医療機関勤務環境評価センターが厚生労働大臣の認可を受けて定める額の手数料を徴収することができる。	第110条　医療機関勤務環境評価センターは、第108条第１項第１号の評価を受けようとする者から、医療機関勤務環境評価センターが厚生労働大臣の認可を受けて定める額の手数料を徴収することができる。
第134条　都道府県知事は、厚生労働省令で定めるところにより、第132条の規定により通知された評価の結果を公表しなければならない。 ２　都道府県知事は、第132条の規定による評価の結果の通知を受けたときは、当該評価に係る病院又は診療所に対し、必要に応じ、当該病院又は診療所に勤務する医師の労働時間の短縮に有用な情報の提供、助言その他の支援を行うものとする。 ３　（略）	第111条　都道府県知事は、厚生労働省令で定めるところにより、第109条の規定により通知された評価の結果を公表しなければならない。 ２　都道府県知事は、第109条の規定による評価の結果の通知を受けたときは、当該評価に係る病院又は診療所に対し、必要に応じ、当該病院又は診療所に勤務する医師の労働時間の短縮に有用な情報の提供、助言その他の支援を行うものとする。 ３　（略）
第135条　医療機関勤務環境評価センターは、第131条第１項各号に	第112条　医療機関勤務環境評価センターは、第108条第１項各号に

掲げる業務（以下「評価等業務」という。）を行うときは、その開始前に、評価等業務の実施方法に関する事項その他の厚生労働省令で定める事項について評価等業務に関する規程（次項及び第145条第１項第３号において「業務規程」という。）を定め、厚生労働大臣の認可を受けなければならない。これを変更しようとするときも、同様とする。 ２　（略）	掲げる業務（以下「評価等業務」という。）を行うときは、その開始前に、評価等業務の実施方法に関する事項その他の厚生労働省令で定める事項について評価等業務に関する規程（次項及び第122条第１項第３号において「業務規程」という。）を定め、厚生労働大臣の認可を受けなければならない。これを変更しようとするときも、同様とする。 ２　（略）
第136条～第144条　（略）	第113条～第121条　（略）
第145条　厚生労働大臣は、医療機関勤務環境評価センターが次の各号のいずれかに該当するときは、第130条第１項の規定による指定（以下この条において「指定」という。）を取り消すことができる。 一・二　（略） 三　この法律の規定若しくは当該規定に基づく命令若しくは処分に違反したとき、又は第135条第１項の認可を受けた業務規程によらないで評価等業務を行つたとき。 ２　（略）	第122条　厚生労働大臣は、医療機関勤務環境評価センターが次の各号のいずれかに該当するときは、第107条第１項の規定による指定（以下この条において「指定」という。）を取り消すことができる。 一・二　（略） 三　この法律の規定若しくは当該規定に基づく命令若しくは処分に違反したとき、又は第112条第１項の認可を受けた業務規程によらないで評価等業務を行つたとき。 ２　（略）
第146条　第130条から前条までに規定するもののほか、医療機関勤	第123条　第107条から前条までに規定するもののほか、医療機関勤

務環境評価センターに関し必要な事項は、厚生労働省令で定める。	務環境評価センターに関し必要な事項は、厚生労働省令で定める。
第147条　第121条第３項、第139条又は第140条第２項の規定に違反した者は、１年以下の懲役又は50万円以下の罰金に処する。	第124条　第116条又は第117条第２項の規定に違反した者は、１年以下の懲役又は50万円以下の罰金に処する。
第148条　第111条又は第126条の規定に基づく命令に違反した場合には、当該違反行為をした者は、６月以下の懲役又は30万円以下の罰金に処する。	（新設）
第149条　次の各号のいずれかに該当するときは、その違反行為をした医療機関勤務環境評価センターの役員又は職員は、30万円以下の罰金に処する。 一　第138条の許可を受けないで、評価等業務の全部を廃止したとき。 二　第142条の規定による帳簿の記載をせず、虚偽の記載をし、又は帳簿を保存しなかつたとき。 三　第143条第１項の規定による報告を怠り、若しくは虚偽の報告をし、又は同項の規定による検査を拒み、妨げ、若しくは忌避したとき。	第125条　次の各号のいずれかに該当するときは、その違反行為をした医療機関勤務環境評価センターの役員又は職員は、30万円以下の罰金に処する。 一　第115条の許可を受けないで、評価等業務の全部を廃止したとき。 二　第119条の規定による帳簿の記載をせず、虚偽の記載をし、又は帳簿を保存しなかつたとき。 三　第120条第１項の規定による報告を怠り、若しくは虚偽の報告をし、又は同項の規定による検査を拒み、妨げ、若しくは忌避したとき。

第150条　法人の代表者又は法人若しくは人の代理人、使用人その他の従業者が、その法人又は人の業務に関して第148条の違反行為をしたときは、行為者を罰するほか、その法人又は人に対しても同条の罰金刑を科する。	（新設）

5　医師の労働時間短縮等に関する指針
（令和４年厚生労働省告示第７号）

○　厚生労働省告示第７号

医療法（昭和23年法律第205号）第105条の規定に基づき医師の労働時間短縮等に関する指針を次のように定め、良質かつ適切な医療を効率的に提供する体制の確保を推進するための医療法等の一部を改正する法律（令和３年法律第49号）附則第１条第４号に掲げる規定の施行の日（令和４年２月１日）から適用する。

令和４年１月19日

厚生労働大臣　後藤　茂之

医師の労働時間短縮等に関する指針

本指針は、医師の労働時間短縮等に関する基本的な考え方、医師の時間外労働短縮目標ライン及び各関係者が取り組むべき事項等を示すものである。

第１　基本的な考え方

医師の働き方改革を進めるに当たっては、我が国の医療は医師の自己犠牲的な長時間労働により支えられており、危機的な状況にあるという現状認識を関係者間で共有することが必要である。長時間労働を解消し、医師の健康を確保することは、医師本人にとってはもとより、医療の質や安全を確保することにつながり、今後も良質かつ適切な医療を提供する体制を維持していく上での喫緊の課題である。

同時に、医師の働き方改革については、医師の偏在の解消を含む地域における医療提供体制（医療法（昭和23年法律第205号）第30条の３第１項に規定する医療提供体制をいう。以下同じ。）の改革と一体的に進めなければ、医師の長時間労働の本質的な解消を図ることはできない。

このため、国及び地方公共団体、医療機関、医療従事者並びに医療の受け手である国民その他の全ての関係者が一丸となって、改革を進めるために不断の取組を重ねていく必要がある。

第2　医師の時間外労働短縮目標ライン

国は、令和17年度末を目途に、良質かつ適切な医療を効率的に提供する体制の確保を推進するための医療法等の一部を改正する法律（令和３年法律第49号。以下「改正法」という。）第３条の規定による改正後の医療法（以下「新医療法」という。）第113条第１項に規定する特定地域医療提供機関において同項に規定する業務に従事する医師及び連携型特定地域医療提供機関（新医療法第118条第１項に規定する連携型特定地域医療提供機関をいう。以下この第２において同じ。）から他の病院又は診療所に派遣される医師（新医療法第118条第１項に規定する派遣に係るものに限る。以下この第２において同じ。）に適用される労働基準法（昭和22年法律第49号）に基づく時間外・休日労働時間の上限時間数の水準（以下「地域医療確保暫定特例水準」という。）を解消するために、「全ての地域医療確保暫定特例水準が適用される医師が到達することを目指すべき年間の時間外・休日労働時間の上限時間数の目標値」として医師の時間外労働短縮目標ライン（以下「短縮目標ライン」という。）を設定する。

短縮目標ラインは、各医療機関が着実に対象となる医師の労働時間を短縮することができるよう、令和17年度末に年間の時間外・休日労働時間数が960時間以下となることを目指し、３年ごとの段階的な目標値を設定することとし、令和６年４月時点における年間の時間外・休日労働時間数に応じて別表のとおり設定する。

地域医療確保暫定特例水準の対象となる医療機関が、労働時間短縮計画（新医療法第113条第２項（新医療法第118条第２項において準用する場合を含む。）に規定する労働時間短縮計画をいう。以下同じ。）において設定することとされている時間外・休日労働時間の上限時間数の目標は、この短縮目標ラインを目安に、各医療機関において設定し、労働時間短縮計画に基づく労働時間の短縮を行うものとする。

各医療機関は、それぞれの状況に応じ、できる限り、令和17年度末よりも早い段階で、年間の時間外・休日労働時間を960時間以下とする目標を達成できるよう取り組むことが望ましく、また、当該目標を達成した医療機関については、さらなる勤務環境の改善に取り組むことが望ましい。

また、国は、地域医療確保暫定特例水準について、段階的な見直しの検討を行いつつ、労働基準法に基づく時間外・休日労働時間の上限時間数の必要な引下げを実施するとともに、短縮目標ラインについても、３年ごとに見直しを検討することとする。

なお、地域医療確保暫定特例水準の引下げは、短縮目標ラインとは別途見直しの検討を行い、また、連携型特定地域医療提供機関から他の病院又は診療所に派遣される医師に適用される時間外・休日労働時間の上限時間数の水準については、地域の医療提供体制確保の観点から、特に丁寧に実態を踏まえて検討を行うこととする。

第３　各関係者が取り組むべき推奨事項等

医師の労働時間の短縮のためには、個々の医療機関における取組だけではなく、地域の医療提供体制確保の観点からの都道府県における取組や、国も含めた関係機関における取組・支援のほか、国民の医療のかかり方など、様々な立場からの取組が不可欠である。

このため、次に掲げる主体の区分に応じて、それぞれ次に定める事項に取り組むこととする。

１　国及び都道府県に求められる事項

(1)　国に求められる地域における医療提供体制改革と一体となった医師の働き方改革の推進に関する事項

イ　国は、都道府県と緊密に連携し、医師の働き方改革を、地域における医療提供体制の機能分化・連携、医師偏在対策と一体的に推進し、地域医療確保暫定特例水準の終了年限の目標である令和17年度末に向けて、どの地域にあっても、切れ目のない医療を安心して受けられる体制の構築に取り組むこと。

ロ　国は、医師偏在対策を含む地域における医療提供体制改革の進捗状況や、時間外・休日労働の上限時間規制の適用による地域医療への影響を踏まえて、医師の働き方改革の取組状況を検証すること。

ハ　国は、医師の働き方改革について、医師を始めとした医療関係者の理解の醸成に努めるとともに、各医療機関において、雇用する医師の適切な労務管理や健康確保のための取組が実施されるよう、医療機関に対し必要な支援を行うこと。

(2)　都道府県に求められる国民の適切な医療のかかり方につながるような評価結果の公表に関する事項

都道府県は、各医療機関の労働時間短縮に向けた取組状況等について、改正法第２条の規定による改正後の医療法第107条第１項に規定する医療機関勤務環境評価センターが行った評価の結果を公表するに当たっては、国民の適切な医療のかかり方につながるよう、当該医療機関勤務環境評価センターの所見とともに、地域における医療提供体制の全体像や各医療機関の役割等を公表し、より多面的な視点での情報公開を行うこと。

⑶　国及び都道府県に求められる各都道府県における地域医療確保暫定特例水準及び集中的技能向上水準の運用に関する事項

イ　国は、各都道府県における地域医療確保暫定特例水準並びに新医療法第119条第１項に規定する技能向上集中研修機関において同項に規定する業務に従事する医師及び特定高度技能研修機関（新医療法第120条第１項に規定する特定高度技能研修機関をいう。３の（６）において同じ。）において新医療法第120条第１項に規定する業務に従事する医師に適用される労働基準法に基づく時間外・休日労働時間の上限時間数の水準（以下「集中的技能向上水準」という。）の運用状況（特定労務管理対象機関（新医療法第122条第１項に規定する特定労務管理対象機関をいう。以下同じ。）の指定や評価の状況を含む。）について情報収集を行い、必要に応じて、地方自治法（昭和22年法律第67号）第245条の４第１項の規定により、都道府県に対し技術的助言等を行うとともに、各都道府県における着実な医師の働き方改革の推進に資するよう、必要な情報の横展開等を行うこと。

ロ　都道府県は、地域医療確保暫定特例水準及び集中的技能向上水準の適切な運用を通じて、各都道府県における着実な医師の働き方改革の推進に取り組むこと。

ハ　都道府県知事、保健所を設置する市の市長又は特別区の区長は、面接指導（新医療法第108条第１項の面接指導をいう。３の⑶のイにおいて同じ。）、同条第５項及び第６項の規定による措置並びに新医療法第123条第１項本文及び第２項後段の規定による休息時間の確保（以下「追加的健康確保措置」と総称する。）の履行確保のため、医療法第25条第１項の規定に基づく立入検査において、医療機関における追加的健康確保措置の実施状況の確認を行い、医療機関に対し必要な助言・指導を行うこと。

2　地域の医療関係者に対する推奨事項

地域の医療関係者は、個々の医療機関においては解消できない、地域における構造的な医師の長時間労働の要因に対し、医療法第30条の14第１項に規定する協議の場（地域医療構想調整会議）、同法第30条の18の２第１項に規定する協議の場（地域の外来医療に関する協議の場）又は同法第30条の23第１項に規定する地域医療対策協議会における協議等を通じて、地域の医療機関の役割分担や夜間及び休日における救急対応の輪番制の構築等、地域における医療提供体制における機能分化・連携を推進し、地域全体で医師の働き方改革に取り組むことが推奨される。

3　医療機関に対する推奨事項

医療機関は、次の事項に取り組むことが推奨される。

⑴　適切な労務管理の実施等に関する事項

イ　医療機関は、雇用する医師の適切な労務管理を実施することが求められるとともに、自院における医師の働き方改革の取組内容について院内に周知を図る等、医療機関を挙げて改革に取り組む環境を整備すること。

ロ　特定労務管理対象機関の指定を受けた医療機関においては、労働基準法第36条第１項の協定で定める時間外・休日労働時間の上限時間数について、当該医療機関における地域医療確保暫定特例水準又は集中的技能向上水準の対象となる業務に必要とされる時間数であることを合理的に説明可能な時間数を設定するとともに、当該医療機関の労働時間短縮の取組実績に応じて上限時間数の引下げを行うこと。

⑵　タスク・シフト／シェアの実施等に関する事項

各医療機関の実情に合わせ、各医療専門職種の職能を活かして良質かつ適切な医療を効率的に提供するためにタスク・シフト／シェアに取り組み、当該取り組みを推進するために研修や説明会の開催等の方策を講ずること。

⑶　医師の健康確保に関する事項

イ　医療機関の管理者は、面接指導において、新医療法第108条第１項に規定する面接指導実施医師が何らかの措置が必要と判定・報告を行った場合には、その判定・報告を最大限尊重し、同条第５項に規定する面接指導対象医師の健康確保のため必要な措置を講じること。

ロ　特定労務管理対象機関の管理者は、医師の副業・兼業先の労働時間を把握する仕組みを設け、副業・兼業先の労働時間も考慮して新医療法第123条第１項本文の休息時間（ハにおいて「勤務間インターバル」という。）を確保できるような勤務計画を作成すること。

ハ　副業・兼業先との間の往復の移動時間は、各職場に向かう通勤時間であり、通常、労働時間に該当しないが、遠距離の自動車の運転を行う場合のように休息がとれないことも想定されることから、別に休息の時間を確保するため、特定労務管理対象機関の管理者は、十分な勤務間インターバルが確保できるような勤務計画を作成すること。

ニ　特定労務管理対象機関の管理者は、災害時等の場合において、新医療法第123条第４項の規定により新医療法第123条第１項本文及び第２項後段の規定による休息時間の確保を行わないことができるとされた場合であっても、休息時間の確保が可能となり次第速やかに、十分な休息を付与すること。

⑷　各診療科において取り組むべき事項

イ　各診療科の長等は、各診療科の医師の労働時間が所定労働時間内に収まるよう、管理責任を自覚し、必要に応じ、業務内容を見直すこと。

ロ　特にタスク・シフト／シェアの観点から業務を見直し、医師以外の医療専門職種等と協議の場を持ち、効率的な業務遂行に向けた取組を計画し、実行すること。

⑸　労働時間短縮計画のPDCAサイクルにおける具体的な取組に関する事項

イ　医師を含む各医療専門職種が参加しながら、年１回のPDCAサイクルで、当該医療機関に勤務する医師の労働時間の状況の分析、労働時間短縮計画の作成及び取組状況の自己評価を行うこと。

ロ　労働時間短縮計画については、対象となる医師に対して、時間外・休日労働時間の上限時間数及び同計画の内容について十分な説明を行い、意見聴取等により十分な納得を得た上で作成すること。

ハ　各医療機関の状況に応じ、当該医療機関に勤務する医師のうち、労働基準法に基づく時間外・休日労働時間の上限時間数が年960時間以下の水準が適用される医師についても労働時間短縮計画を自主的に作成し、同計画に基づいて取組を進めること。

⑹　技能研修計画に関する医療機関内における相談体制の構築（特定高度

技能研修機関関係）

良質かつ適切な医療を効率的に提供する体制の確保を推進するための医療法等の一部を改正する法律の施行に伴う厚生労働省関係省令の整備及び経過措置に関する省令（令和４年厚生労働省令第７号）第２条の規定による改正後の医療法施行規則（昭和23年厚生省令第50号）第101条第１項の高度な技能を習得するための研修に関する計画（技能研修計画）と当該技能を修得するための研修の実態が乖離するような場合に対応できるよう、医療機関内において、医師からの相談に対応できる体制を構築すること。

４　医師に対する推奨事項

医師は、医師自身の働き方改革に関して次の事項に取り組むことが推奨される。

⑴　医師は、長時間労働による疲労蓄積や睡眠負債が、提供する医療の質や安全性の低下につながることを踏まえ、自らの健康を確保することが、自身にとっても、また、医療機関全体としてより良質かつ適切な医療を提供する上でも重要であることを自覚し、その認識の下に自らの業務内容や業務体制の見直し等を行い、働き方改革に自主的に取り組むこと。

⑵　副業・兼業を行うに当たっては、自己の労働時間や健康状態の把握・管理に努め、副業・兼業先の労働時間を主たる勤務先に適切に自己申告すること。

５　国民に対する推奨事項

医師の働き方改革を進め、医師の健康を確保することは、医師によって提供される医療の質や安全を確保することにつながり、国民にとっても重要な問題であることから、国民は、医療のかかり方に関して次の事項に取り組むことが推奨される。

⑴　医師の働き方改革は、医療提供者だけで完結するものではなく、国民の医療のかかり方に関する理解が不可欠であり、国民は、自らの医療のかかり方を見直すこと。

⑵　具体的には、かかりつけの医療機関を持つ、子ども医療電話相談事業（＃8000）や救急安心センター事業（＃7119）等の電話相談を利用し、夜間・休日の不急の受診を控える、救急車の適切な利用を心がける等の取組を行うこと。

別表（第２関係）

	短縮目標ライン
令和９年の時間外・休日労働時間数	t－（t－960）／４時間以下
令和12年の時間外・休日労働時間数	t－２×（t－960）／４時間以下
令和15年の時間外・休日労働時間数	t－３×（t－960）／４時間以下
令和18年の時間外・休日労働時間数	960時間以下

備考

この表における算定式中ｔは令和６年４月時点における年間の時間外・休日労働時間数とする。

6　医師、看護師等の宿日直許可基準について（令和元年７月１日基発0701第８号労働基準局長通達）

医師、看護師等（以下「医師等」という。）の宿日直勤務については、一般の宿日直の場合と同様に、それが通常の労働の継続延長である場合には宿日直として許可すべきものでないことは、昭和22年９月13日付け発基第17号通達に示されているところであるが、医師等の宿日直についてはその特性に鑑み、許可基準の細目を次のとおり定める。

なお、医療法（昭和23年法律第205号）第16条には「医業を行う病院の管理者は、病院に医師を宿直させなければならない」と規定されているが、その宿直中の勤務の実態が次に該当すると認められるものについてのみ労働基準法施行規則（昭和22年厚生省令第23号。以下「規則」という。）第23条の許可を与えるようにされたい。

本通達をもって、昭和24年３月22日付け基発第352号「医師、看護婦等の宿直勤務について」は廃止するため、了知の上、取扱いに遺漏なきを期されたい。

記

1　医師等の宿日直勤務については、次に掲げる条件の全てを満たし、かつ、宿直の場合は夜間に十分な睡眠がとり得るものである場合には、規則第23条の許可（以下「宿日直の許可」という。）を与えるよう取り扱うこと。

(1)　通常の勤務時間の拘束から完全に解放された後のものであること。すなわち、通常の勤務時間終了後もなお、通常の勤務態様が継続している間は、通常の勤務時間の拘束から解放されたとはいえないことから、その間の勤務については、宿日直の許可の対象とはならないものであること。

(2)　宿日直中に従事する業務は、一般の宿日直業務以外には、特殊の措置を必要としない軽度の又は短時間の業務に限ること。例えば、次に掲げる業務等をいい、下記２に掲げるような通常の勤務時間と同態様の業務は含まれないこと。

・医師が、少数の要注意患者の状態の変動に対応するため、問診等による診察等（軽度の処置を含む。以下同じ。）や、看護師等に対する指示、確認を行うこと

・医師が、外来患者の来院が通常想定されない休日・夜間（例えば非輪番日であるなど）において、少数の軽症の外来患者や、かかりつけ患者の状態の変動に対応するため、問診等による診察等や、看護師等に対する指示、確認を行うこと

・看護職員が、外来患者の来院が通常想定されない休日・夜間（例えば非輪番日であるなど）において、少数の軽症の外来患者や、かかりつけ患者の状態の変動に対応するため、問診等を行うことや、医師に対する報告を行うこと

・看護職員が、病室の定時巡回、患者の状態の変動の医師への報告、少数の要注意患者の定時検脈、検温を行うこと

(3) 上記(1)、(2)以外に、一般の宿日直の許可の際の条件を満たしていること。

2 上記1によって宿日直の許可が与えられた場合において、宿日直中に、通常の勤務時間と同態様の業務に従事すること（医師が突発的な事故による応急患者の診療又は入院、患者の死亡、出産等に対応すること、又は看護師等が医師にあらかじめ指示された処置を行うこと等）が稀にあったときについては、一般的にみて、常態としてほとんど労働することがない勤務であり、かつ宿直の場合は、夜間に十分な睡眠がとり得るものである限り、宿日直の許可を取り消す必要はないこと。また、当該通常の勤務時間と同態様の業務に従事する時間について労働基準法（昭和22年法律第49号。以下「法」という。）第33条又は第36条第1項による時間外労働の手続がとられ、法第37条の割増賃金が支払われるよう取り扱うこと。

したがって、宿日直に対応する医師等の数について、宿日直の際に担当する患者数との関係又は当該病院等に夜間・休日に来院する急病患者の発生率との関係等からみて、上記のように通常の勤務時間と同態様の業務に従事することが常態であると判断されるものについては、宿日直の許可を与えることはできないものであること。

3 宿日直の許可は、一つの病院、診療所等において、所属診療科、職種、時間帯、業務の種類等を限って与えることができるものであること。例

えば、医師以外のみ、医師について深夜の時間帯のみといった許可のほか、上記1(2)の例示に関して、外来患者の対応業務については許可基準に該当しないが、病棟宿日直業務については許可基準に該当するような場合については、病棟宿日直業務のみに限定して許可を与えることも可能であること。

4　小規模の病院、診療所等においては、医師等が、そこに住み込んでいる場合があるが、この場合にはこれを宿日直として取り扱う必要はないこと。

ただし、この場合であっても、上記2に掲げるような通常の勤務時間と同態様の業務に従事するときには、法第33条又は第36条第1項による時間外労働の手続が必要であり、法第37条の割増賃金を支払わなければならないことはいうまでもないこと。

7　医師等の宿日直許可基準及び医師の研鑽に係る労働時間に関する考え方についての運用に当たっての留意事項について（令和元年7月1日基監発0701第1号労働基準局監督課長通達）

令和元年７月１日付け基発0701第８号「医師、看護師等の宿日直基準について」（以下「医師等の宿日直許可基準通達」という。）及び令和元年７月１日付け基発0701第９号「医師の研鑽に係る労働時間に関する考え方について」（以下「医師の研鑽に係る労働時間通達」という。）が発出され、医師・看護師等（以下「医師等」という。）の宿日直基準の明確化及び医師の研鑽に係る労働時間に関する考え方が示されたところである。

両通達は、平成31年３月28日に取りまとめられた「医師の働き方改革に関する検討会報告書」（以下「報告書」という。）を踏まえて、解釈の明確化を図ったものであり、これまでの労働基準法（昭和22年法律第49号）の取扱いを変更するものではないが、両通達の運用に当たって留意すべき事項を下記に示すので、その運用に当たっては遺憾なきを期されたい。

記

第１　医師等の宿日直許可基準通達の取扱いについて

１　趣旨

報告書において、「医師等の当直のうち、断続的な宿直として労働時間等の規制が適用されないものに係る労働基準監督署長の許可基準については、現状を踏まえて実効あるものとする必要がある。」との意見が示されたことを踏まえ、労働基準監督署長による医師等の宿日直の許可の基準を明確化の上、改めて示されたものである。

２　医師等の宿日直許可基準通達の運用における留意事項

医師等の宿日直許可基準通達については、昭和24年３月22日付け基発第352号「医師、看護婦等の宿直勤務について」の考え方を明確化したものであり、これによって従前の許可基準を変更するものではなく、対象となる職種についても、従前と変更はない。

具体的には、許可対象である「特殊の措置を必要としない軽度の、又は短時間の業務」について、近年の医療現場における実態を踏まえて具体的に例示したものが、医師等の宿日直許可基準通達の記の1(2)において示されたところである。なお、医師等の宿日直許可基準通達の記の1(2)に示されている例示における「看護職員」については、業務を行う主体を当該例示において掲げられている業務を行う職種に限っているものである。

第2　医師の研鑽に係る労働時間通達の取扱いについて

1　趣旨

医師の働き方改革に関する検討会においては、「医師の研鑽については、医学は高度に専門的であることに加え、日進月歩の技術革新がなされており、そのような中、個々の医師が行う研鑽が労働であるか否かについては、当該医師の経験、業務、当該医療機関が当該医師に求める医療提供の水準等を踏まえて、現場における判断としては、当該医師の上司がどの範囲を現在の業務上必須と考え指示を行うかによらざるを得ない。」とされている。

また、同検討会の報告書では、「医師については、自らの知識の習得や技能の向上を図る研鑽を行う時間が労働時間に該当するのかについて、判然としないという指摘がある。このため、医師の研鑽の労働時間の取扱いについての考え方と『労働に該当しない研鑽』を適切に取り扱うための手続を示すことにより、医療機関が医師の労働時間管理を適切に行えるように支援していくことが重要である」とされたところである。

このような同検討会における検討結果に基づき、医師の研鑽の実態を踏まえ、医師の研鑽に係る労働時間通達において、医師本人及び当該医師の労働時間管理を行う上司を含む使用者が、研鑽のうち労働時間に該当する範囲を明確に認識し得るよう、研鑽の労働時間該当性に関する基本的な考え方とともに、労働時間該当性を明確化するための手続等が示されたところである。

2　医師の研鑽に係る労働時間通達の運用における留意事項

ア　医師の研鑽に係る労働時間通達と「労働時間の適正な把握のために使用者が講ずべき措置に関するガイドライン」の関係について

労働時間は、「労働時間の適正な把握のために使用者が講ずべき措置に関するガイドライン」(平成29年1月20日策定) において示されているとおり、労働者の行為が使用者の指揮命令下に置かれたものと評価することができるか否かにより客観的に定まるものである。この考え方は医師についても共通であり、医師の研鑽に係る労働時間通達においても、この考え方を変更するものではないこと。

イ　医師の研鑽と宿日直許可基準について

医師の研鑽に係る労働時間通達の記の２により、労働時間に該当しないと判断される研鑽については、当該研鑽が宿日直中に常態的に行われているものであったとしても、宿日直許可における不許可事由とはならず、又は許可を取り消す事由とはならないものである。

ウ　医師の研鑽に係る労働時間通達の記の３(1)の手続（以下「手続」という。）について

・上司は、業務との関連性を判断するに当たって、初期研修医、後期研修医、それ以降の医師といった職階の違い等の当該医師の経験、担当する外来業務や入院患者等に係る診療の状況、当該医療機関が当該医師に求める医療提供の水準等を踏まえ、現在の業務上必須かどうかを対象医師ごとに個別に判断するものであること。

・手続は、労働に該当しない研鑽を行おうとする医師が、当該研鑽の内容について月間の研鑽計画をあらかじめ作成し、上司の承認を得ておき、日々の管理は通常の残業申請と一体的に、当該計画に基づいた研鑽を行うために在院する旨を申請する形で行うことも考えられること。

・手続は、労働に該当しない研鑽を行おうとする医師が、当該研鑽のために在院する旨の申し出を、一旦事務職が担当者として受け入れて、上司の確認を得ることとすることも考えられること。

エ　諸経費の支弁と労働時間該当性について

医療機関は、福利厚生の一環として、学会等へ参加する際の旅費等諸経費を支弁することは、その費目にかかわらず可能であり、旅費等諸経費が支弁されていることは労働時間に該当するかどうかの判断に直接関係しないものであること。

オ　医師以外の職種も参加する研鑽

医師の研鑽に係る労働時間通達の記の２に掲げられる研鑽について、看護師等の医師以外の職種が参加するものであったとしても、当該研鑽が、労働時間に該当するかどうかの判断に直接関係しないものであること。

著者略歴

大澤　範恭（おおさわ　のりやす）

愛知県名古屋市出身、埼玉県さいたま市在住。
東京大学法学部卒業。厚生労働省（旧厚生省）で35年間勤務、平成30年１月、医療・介護・保育専門の社会保険労務士・行政書士事務所を開業、令和元年７月、AIP 経営労務合同会社を設立。
特定社会保険労務士・行政書士・認定医業経営コンサルタント・元厚生労働省老健局総務課長。
公益社団法人日本医業経営コンサルタント協会埼玉県支部理事、埼玉県医療勤務環境改善支援センター医療経営アドバイザー、一般社団法人埼玉県在宅福祉事業者協議会監事、NPO 法人開業支援塾21理事。

AIP 経営労務合同会社
〒330-0061
埼玉県さいたま市浦和区常盤３-14-19　常盤壱番館204号室
TEL　048-626-3101
E-mail：nori@aip-sr.jp
URL：https://www.aip-sr.jp

★隔月で、医師の働き方改革に関する無料の zoom セミナーを開催中。
ご興味のある方は、こちらを検索してください。

「AIP 経営」で検索

時間外労働規制に完全対応
医師の働き方改革 実践ハンドブック

令和4年7月30日 初版発行
令和5年2月10日 初版2刷

日本法令®

検印省略

〒101-0032
東京都千代田区岩本町1丁目2番19号
https://www.horei.co.jp/

著　者　大澤範恭
発行者　青木健次
編集者　岩倉春光
印刷所　文唱堂印刷
製本所　国宝社

（営 業） TEL 03-6858-6967 Eメール syuppan@horei.co.jp
（通 販） TEL 03-6858-6966 Eメール book.order@horei.co.jp
（編 集） FAX 03-6858-6957 Eメール tankoubon@horei.co.jp

（オンラインショップ） https://www.horei.co.jp/iec/
（お詫びと訂正） https://www.horei.co.jp/book/owabi.shtml
（書籍の追加情報） https://www.horei.co.jp/book/osirasebook.shtml

※万一、本書の内容に誤記等が判明した場合には、上記「お詫びと訂正」に最新情報を掲載しております。ホームページに掲載されていない内容につきましては、FAXまたはEメールで編集までお問合せください。

ISBN 978-4-539-72913-7